キッチンですぐに役に立つ！

「料理の単位」早わかり便利帳

ホームライフ取材班〔編〕

青春新書
PLAYBOOKS

料理に必要な、あの「単位」が一目瞭然！

目分量で用意した食材に、調味料をざっくり加え、まあまあ適当な時間だけ調理したら、とってもおいしい料理ができあがる。こんな離れワザが可能なのは、腕利きの料理人だけでしょう。

普通はそうはいきません。料理をおいしく、手際よく作るには、「分量」や「時間」などの決まりごとをきちんと守る必要があります。たとえば、「ステーキの焼き時間」は裏表何分か？「みそ汁1杯分のみそ」はどのくらいか？　レシピによくある「少々」や「ひと口大」とはどのくらいか？ほかにも知っておきたい「料理の単位」はたくさんあります。そうしたキッチンで役に立つ項目を取り上げ、イラストや図表なども使って、ひと目で直感的にわかるようにまとめたのが本書です。

料理をしていて、よくわからない「分量」「時間」「火加減・水加減」「レシピの言い回し」などに出合ったとき、すぐに手に取ってください。きっと疑問は解消し、料理をもっとおいしく、手際よく作れるはずです。

キッチンですぐに役に立つ!「料理の単位」早わかり便利帳 contents

知っておくと便利な料理の単位

肉がおいしくなる塩加減って、どのくらい? 16
肉を焼くとき、常温にもどす時間は? 17
焼き魚の塩加減って、どのくらい? 18
浅漬けの塩加減って、どのくらい? 20
葉物野菜をゆでるときの塩加減は? 21
ペットボトルのキャップは、何ミリリットル? 22
「塩ひとにぎり」って、大さじ何杯分? 23
しょうが1かけは、チューブだとどのくらい? 24
バター10グラムって、何センチ角の大きさ? 25
みそ汁1杯分のみその量って、どのくらい? 26
米1キロって、何合で、ごはん何膳分? 27
米1合で、おにぎりは何コ作れる? 28
米1合で、手巻き寿司は何コ作れる? 29
パスタ1人前の量はどのくらい? 30

パスタ1人前を束ねた太さって、何センチ？ 31
薄口しょうゆを濃口しょうゆと塩で代用する割合は？ 32
砂糖大さじ1は、はちみつではどのくらいの甘さ？ 33
調味料の小さじ1・大さじ1って、何グラム？ 34
砂糖や小麦粉の1カップって、何グラム？ 36
両手にのる野菜って、何グラム？ 38

もっとおいしくなる料理の単位

ステーキの焼き時間は表裏何分？ 40
ステーキを焼くとき、いつ塩こしょうする？ 42
魚の塩焼きは、いつ塩をふる？ 43
塩は何センチ上からふる？ 44
ゆで卵は何分ゆでる？ 45
フレンチトーストの牛乳と卵と砂糖の割合は？ 46
パスタをゆでる湯の量は？ 47
パスタをゆでるときの塩加減は？ 48
パスタをゆでるときの火加減は？ 49

S

パスタのゆで時間は？ 50
冷製パスタのゆで時間は？ 51
牛肉が軟らかくなる漬け込み時間は？ 52
スペアリブに下味を漬け込む時間は？ 53
鶏の唐揚げに下味を漬け込む時間は？ 54
揚げ物をするときの油の量は？ 55
鶏の唐揚げは何度で揚げる？ 56
とんかつは何度で揚げる？ 57
天ぷらは何度で揚げる？ 58

日本人なら知っておきたい料理の単位

だし汁を作るときの水と昆布とかつお節の量は？ 60
だし汁を作るときの昆布の浸け時間は？ 61
だし汁を作るときの昆布を取り出すタイミングは？ 62
だし汁を作るときのかつお節を煮出す時間は？ 63
煮干しでだし汁を作るときの水と煮干しの量は？ 64
煮干しでだし汁を作るときの火加減は？ 65

煮干しでだし汁を作るときに煮出す時間は？　66
煮干しのだし汁を水出しで作るときの時間は？　67
米を洗うとき、水を替える回数は？　68
米の吸水時間は？　69
米1合に対する水の量は？　70
ごはんを土鍋で炊くときの火加減と時間は？　71
ごはんを土鍋で炊くときの蒸らし時間は？　72
八方だしの割合は？　73
おひたしのひたし汁の割合は？　74
野菜の煮物の煮汁の割合は？　75
煮魚の煮汁の割合は？　76
茶碗蒸しの卵とだし汁の割合は？　77
天ぷらの衣の卵と水と粉の割合は？　78
刺身がおいしく食べられる厚みは何ミリ？　79
ぬか漬けを漬ける時間は？　80
しめさばのシメ時間は？　82
しめあじのシメ時間は？　83
米1合で、いなり寿司は何コ作れる？　84

もっと手早くできる料理の単位

バッター液の卵、牛乳、薄力粉の割合は？　86
温泉卵をレンジで作るには何分チンする？　87
二杯酢の調味料の割合は？　88
三杯酢の調味料の割合は？　89
寿司酢の調味料の割合は？　90
ドレッシングの酢と油の割合は？　91
落とし蓋の大きさは、どのくらい？　92

レシピがよくわかる料理の単位

「15cc」って、何ミリリットル？　94
「1合」って、何ミリリットル？　95
「1カップ」って、何ミリリットル？　96
「大さじ1」「小さじ1」って、何ミリリットル？　97
「大さじ1/2」って、大さじの何分目？　98
「大さじ1強」って、どのくらい？　99

「ひとつまみ」って、どのくらい？ 100
「少々」って、どのくらい？ 101
「油少々」って、どのくらい？ 102
「レモン汁少々」って、どのくらい？ 103
「適量」って、どのくらい？ 104
「適宜」って、どのくらい？ 105
「1株」って、どのくらい？ 106
「1把」「1束」って、どのくらい？ 107
「しょうが1かけ」って、どのくらい？ 108
「たらこ1腹」って、どのくらい？ 109
「豆腐1丁」って、何グラム？ 110
「ひたひた」と「かぶる」の水の量は？ 111
「弱火」「中火」「強火」の火加減は？ 112
「ことこと」「ぐつぐつ」って、どんな状態？ 113
「ひと煮立ち」って、どのくらい？ 114
「ひと煮」って、どのくらい？ 115
「みじん切り」「粗みじん切り」の大きさは？ 116

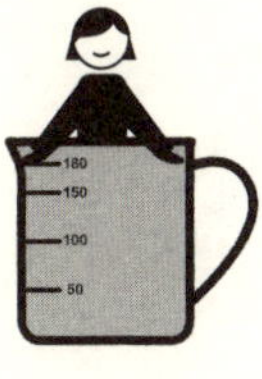
180
150
100
50

「せん切り」「細切り」って、どのくらいの細さ？　117
「ざく切り」って、どのくらいの大きさ？　118
「ひと口大」って、どのくらいの大きさ？　119
「粗熱をとる」って、どのくらいの熱さ？　120
「八分立て」って、どんな状態？　121
「水溶き片栗粉」の水と片栗粉の割合は？　122

下ごしらえに困らない料理の単位

切った野菜を水にさらす時間は？　124
豆腐の水きりは何分？　126
豆腐をレンジで水きりする時間は？　127
あさりの砂抜きをするときの塩水の濃度は？　128
あさりの砂抜きの時間は？　129
乾物を水に浸けてもどす時間は？　130
どんこはもどしたら何倍になる？　132
ひじきと切り干し大根はもどしたら何倍になる？　133
大豆を水に浸けてもどす時間は？　134

大豆はもどしたら何倍になる？ 135
ドライトマトをもどす時間は？ 136
たけのこのゆで時間は？ 137
肉は何センチ間隔で筋切りする？ 138
かたまり肉は何センチ間隔でタコ糸を巻く？ 139
レバーを水にさらす時間は？ 140
塩豚を作るときの塩の割合は？ 141
すじ肉が軟らかくなる煮込み時間は？ 142

食品保存の料理の単位

肉を冷凍保存できる日数は？ 144
魚を冷凍保存できる日数は？ 145
野菜を冷蔵庫で保存できる日数は？ 146
野菜を冷凍庫で保存できる日数は？ 149
野菜を涼しい場所で保存できる日数は？ 150
だし汁やスープを保存できる日数は？ 151
冷凍ごはんをおいしく食べられる保存期間は？ 152

米をおいしく食べられる保存期間は？　153
日本酒をおいしく飲める保存期間は？　154

もっと健康になれる料理の単位

1日の食塩摂取量の目標って、何グラム？　156
しょうゆ大さじ1の塩分って、何グラム？　157
みそ大さじ1の塩分って、何グラム？　158
みそ汁1杯に含まれる塩分は何グラム？　159
食品表示のナトリウム量って、食塩だとどのくらい？　160
減塩食品の塩分って、どのくらい？　161
1日に食べたい野菜の量は？　162
ごはん1膳のエネルギー量は？　163
食パン1枚のエネルギー量は？　164
サラダ1人前のフレンチドレッシングのエネルギー量は？　165
サラダ油大さじ1のエネルギー量は？　166
サラダ油とオリーブ油のエネルギー量は？　167
O157を死滅させる加熱温度は？　168

買い物で困らない料理の単位

ハンバーグ1人前のひき肉は何グラム？ 170
スライスチーズ1枚は何グラム？ 171
クリームシチューに適した生クリームの脂肪分は？ 172
お菓子作りに適した生クリームの脂肪分は？ 173
和牛って、どんな牛？ 174
国産牛って、どんな牛？ 175
新米って、いつからいつまでのもの？ 176
食パンの1斤って、どのくらい？ 177
Mサイズの卵って、何グラム？ 178
あさり100グラムって、何コ？ 179
ホールケーキの5号って、直径何センチ？ 180

もっとおいしくなる飲み物の単位

日本茶2杯分の湯と茶葉の量は？ 182
紅茶1杯分の湯と茶葉の量は？ 183

コーヒー1杯分の湯と豆の量は？　184
カフェオレ、カフェラテのミルクの比率は？　185
牛乳を温めても膜ができない温度は？　186
おいしいビールの泡の比率は？　187
ワインがおいしく飲める温度は？　188
水割りのウイスキーの比率は？　190
ハイボールのウイスキーの比率は？　191
冷酒の飲みごろは、冷蔵庫に入れてどのくらい？　192
燗酒の飲みごろは、熱湯に浸けてどのくらい？　193
ひと肌の燗酒は、レンジで何秒チンする？　194
焼酎の水割り、お湯割りの比率は？　195
焼酎のお湯割りに注ぐ湯の温度は？　196

早引きインデックス　197

※本書のデータは2015年1月現在のものです。

デザイン　田中彩里
編集協力　編集工房リテラ（田中浩之）

知っておくと便利な料理の単位

覚えておくと
調理や下ごしらえが
ぐっと楽になる！
そんな格別役に立つ
料理の単位を集めました。

○肉がおいしくなる塩加減って、どのくらい？

肉の重量に対して
塩0.8～1％

＝

肉150g

＋

塩小さじ1/4程度
（1.2～1.5g）

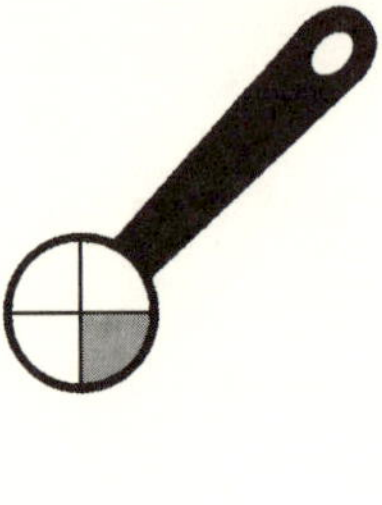

◎牛肉、豚肉、鶏肉など、すべての肉に共通する、おいしいと感じる塩加減。

○肉を焼くとき、常温にもどす時間は？

常温にもどす時間

＝

約30分

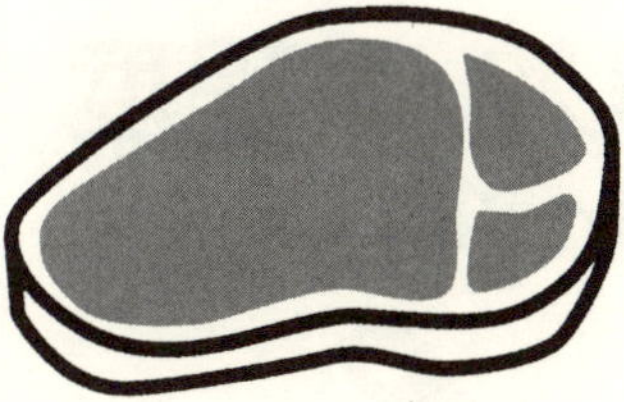

◎肉を常温にもどさずに冷蔵庫から出してすぐに焼くと、表面だけを急激に加熱してしまい、中心の温度は上がらずに、表面だけが焦げてしまう。

○焼き魚の塩加減って、どのくらい？

〈青魚の塩加減〉

魚の重量に対して
塩3～4％

＝

青魚100g

＋

塩小さじ2/3 程度
（3～4g）

〈白身魚の塩加減〉

魚の重量に対して
塩2%

＝

白身魚100g

＋

塩小さじ1/2 弱
（2g）

◎青魚はあじ、いわし、さば、さんまなど。白身魚はたい、さけ、ひらめ、かれい、たら、たちうおなど。さんま1尾150g、さば、たい、さけの切り身1切れ100gが目安。

○浅漬けの塩加減って、どのくらい？

野菜の重量に対して
塩2〜3％

＝

野菜100g

＋

塩小さじ1/2程度
（2〜3g）

◎浅漬けに向く野菜 100gの目安＝きゅうり1本、なす 4/5 本、かぶ 4/5 コ、大根 1/8 本、キャベツ2枚、白菜1枚、セロリ 2/3 本。

◯葉物野菜をゆでるときの塩加減は？

塩分濃度1%

＝

＋

塩小さじ2
（10g）

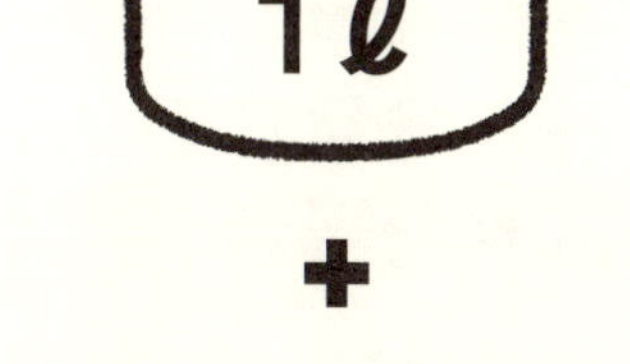

◯ペットボトルのキャップは、何ミリリットル？

ぎりぎりいっぱいまで入れた場合

＝

約 7.5mℓ

＝

約大さじ1/2

8〜9 分目まで入れた場合

＝

約5mℓ

＝

約小さじ1

◎ぎりぎりいっぱいまで入れると、計量スプーンではかりづらい「大さじ 1/2」が簡単にはかれる。液体は8〜9分目のほうがはかりやすい。

○「塩ひとにぎり」って、大さじ何杯分？

塩ひとにぎり

＝

約大さじ2

●軽くにぎった場合。

◎漬物などのレシピでよく使われる「塩ひとにぎり」はこれ。多めににぎる「大にぎり」は大さじ３くらい。

○しょうが1かけは、チューブだとどのくらい？

しょうが1かけ

＝

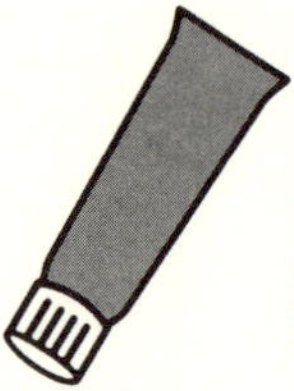

チューブの
おろししょうが
約小さじ2

◎にんにく1かけも、チューブのおろしにんにくだと
約小さじ2。

○バター10グラムって、何センチ角の大きさ?

バター10g弱

＝

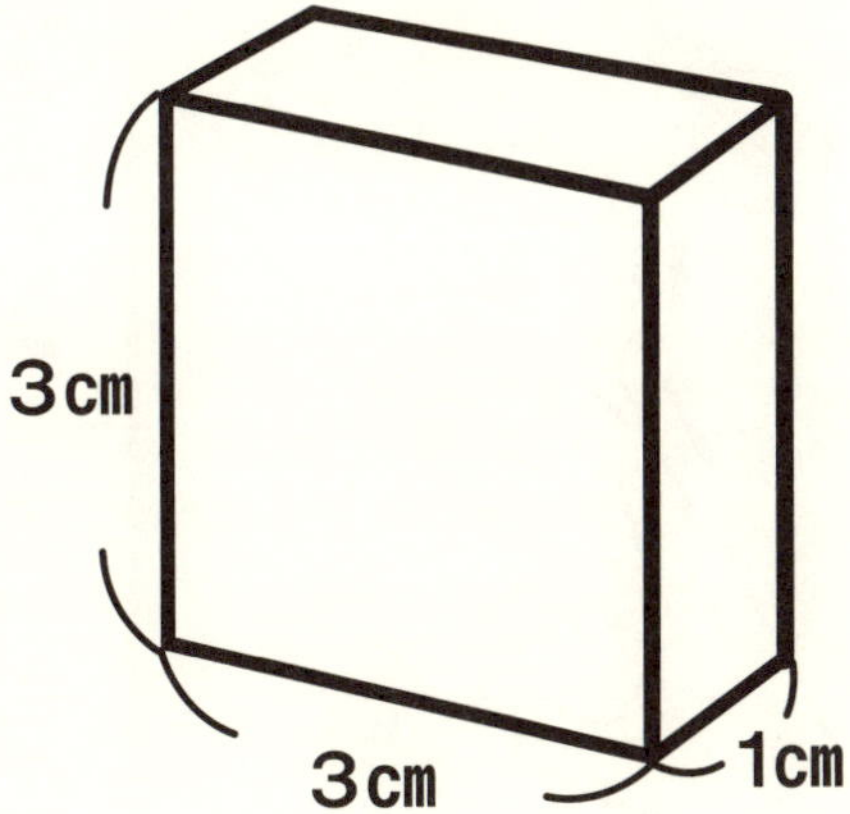

○みそ汁1杯分のみその量って、どのくらい？

みそ汁1杯

＝

みそ大さじ1程度

＝

親指と人差し指で
作る円の
大きさくらい

○米1キロって、何合で、ごはん何膳分？

米1kg

＝

約7合

＝

ごはん約16膳分

●ごはんは、普通盛り＝140gで計算。

○米1合で、おにぎりは何コ作れる？

米1合

＝

おにぎり3コ

○米1合で、手巻き寿司は何コ作れる？

米1合

＝

手巻き寿司
6〜7コ

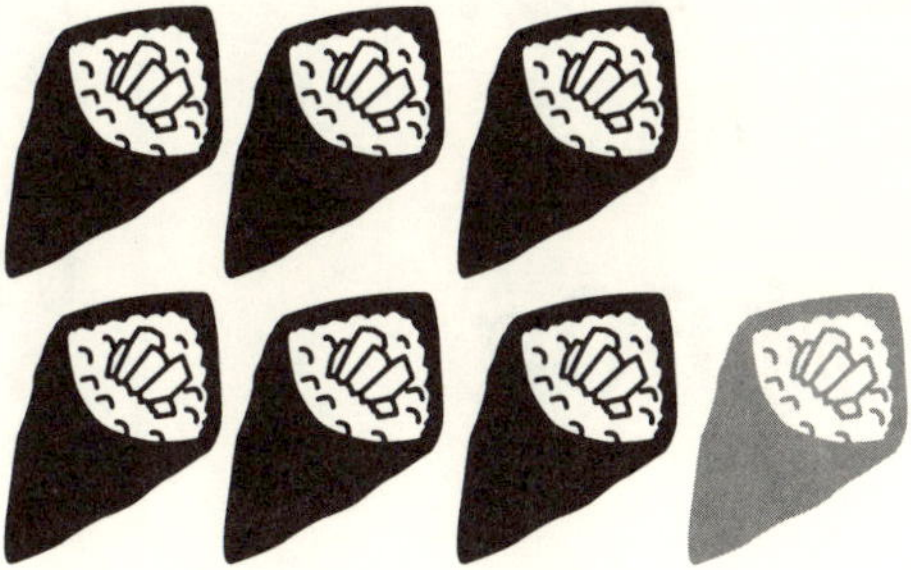

◯パスタ1人前の量はどのくらい？

パスタだけを
食べる場合

＝

約100g

ほかの料理も
食べる場合

＝

約60g

◯パスタ1人前を束ねた太さって、何センチ？

1人前の束（100g）

＝

2人前の束（200g）

＝

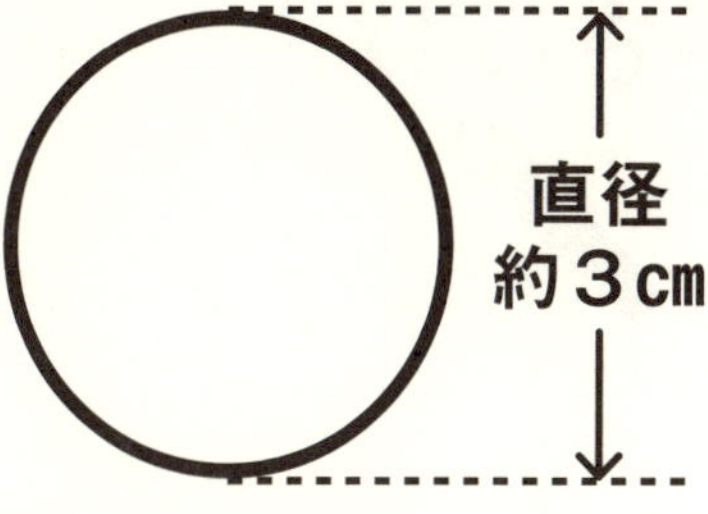

●ギュッと隙間なく束ねた場合。

◎1人前の束の直径2㎝は、ペットボトルの口径とほぼ同じ。

◯薄口しょうゆを濃口しょうゆと塩で代用する割合は？

薄口しょうゆ
大さじ1の塩分

＝

濃口しょうゆ
大さじ1/2

＋

塩小さじ1/3

◎薄口しょうゆを持っていなくて、濃口しょうゆで代用するときに、知っていると便利。見た目とは逆に、薄口しょうゆのほうが塩分が高い。

○砂糖大さじ1は、はちみつではどのくらいの甘さ？

砂糖大さじ1

＝

はちみつ
大さじ1/3

◯調味料の小さじ1・大さじ1って、何グラム？

〈小さじ・大さじの重量表〉

	小さじ1	大さじ1
しょうゆ	6g	18g
みそ	6g	18g
あら塩	5g	15g
精製塩	6g	18g

上白糖	3g	9g
グラニュー糖	4g	12g
ケチャップ	5g	15g
マヨネーズ	4g	12g
ウスターソース	6g	18g
油・バター	4g	12g

○砂糖や小麦粉の1カップって、何グラム？

〈1カップの重量表〉

あら塩

精製塩

しょうゆ

小麦粉

110g

上白糖

130g

片栗粉

130g

グラニュー糖

180g

粉チーズ

90g

酒

200g

○両手にのる野菜って、何グラム？

生野菜

＝

約120g

◎野菜は1食当たり120g摂ることが理想的。ゆでた野菜は、片手で約120g。

もっとおいしくなる料理の単位

塩こしょうの仕方や
ステーキの焼き方、
ゆで加減、油の温度など、
おいしい料理作りに欠かせない
実用的なあれこれをご紹介。

○ステーキの焼き時間は表裏何分？

〈厚さ1cmのステーキ肉の場合〉

ミディアム

強火で30秒

▼

弱火で1分
（肉の厚さが2cmの場合は2分）

↓ 裏返す

強火で30秒

▼

弱火で1分
（肉の厚さが2cmの場合は2分）

◎肉は冷蔵庫から出して常温にもどしておく。

ウェルダン

強火で30秒

▼

弱火で1分半
（肉の厚さが2㎝
の場合は2分半）

裏返す

強火で30秒

▼

弱火で1分半
（肉の厚さが2㎝
の場合は2分半）

レア

強火で30秒

▼

弱火で30秒
（肉の厚さが2㎝
の場合は1分）

裏返す

強火で30秒

▼

弱火で30秒
（肉の厚さが2㎝
の場合は1分）

○ステーキを焼くとき、いつ塩こしょうする？

塩こしょうする
タイミング

＝

焼く直前

◎豚肉と鶏肉のソテーの場合は、焼く5～10分前に塩をふる。

○魚の塩焼きは、いつ塩をふる？

青魚

＝

焼く20〜30分前

白身魚

＝

焼く5〜10分前

○塩は何センチ上からふる？

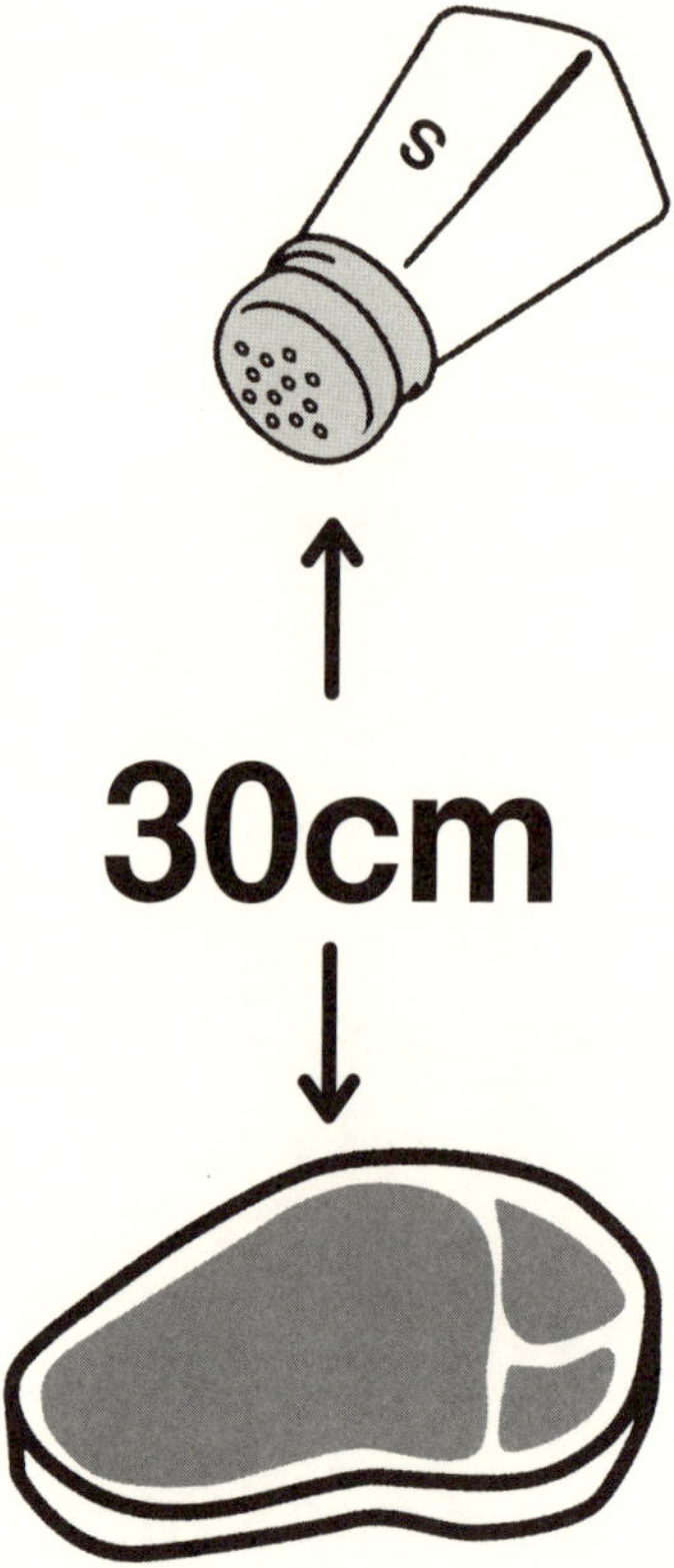

○ゆで卵は何分ゆでる？

半熟卵

＝

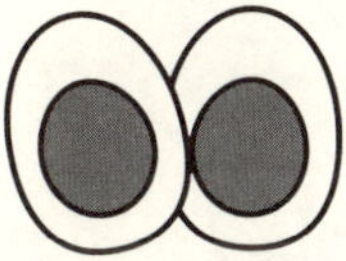

水からゆでて
沸騰後3～5分

固ゆで卵

＝

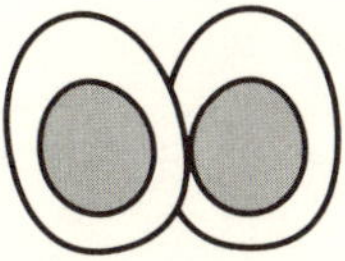

水からゆでて
沸騰後10分

◎ゆで卵を作るときは、卵はあらかじめ常温にもどしておくこと。熱湯からゆでると殻が割れやすいので、必ず水からゆでる。

○フレンチトーストの牛乳と卵と砂糖の割合は？

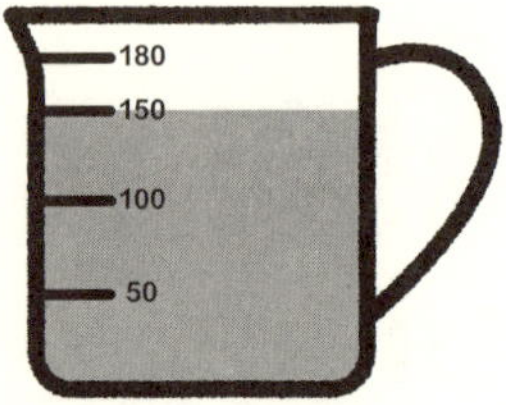

牛乳3/4カップ（150mℓ）

＋

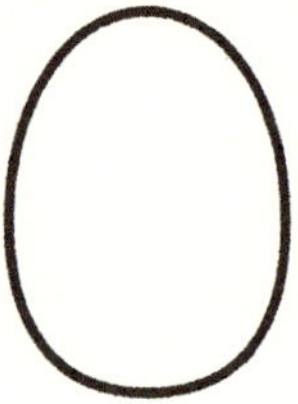

卵1コ

＋

砂糖大さじ1

●食パン２枚の場合。

◎フレンチトーストは、卵と砂糖を溶き混ぜた牛乳にパンを途中返しながら10分ほど浸し、バターで両面焼く。

○パスタをゆでる湯の量は？

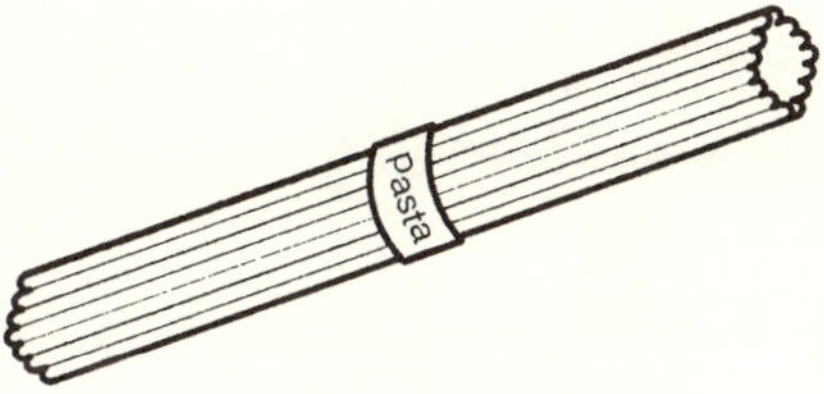

1人前100g

+

◯パスタをゆでるときの塩加減は？

◯パスタをゆでるときの火加減は？

火加減

＝

沸騰させず、パスタがゆらゆら揺れるくらい

◎ぐらぐら沸騰した湯でゆでると、パスタの表面が溶けてべたついた仕上がりになる。

○パスタのゆで時間は？

パスタをレトルトソースで和えるとき

‖

表示時間

パスタをソースにからめて加熱するとき

‖

表示時間−からめる時間

◎フライパンなどで作ったソースに、ゆでたパスタを加えてからめる場合は、ゆで時間とからめる時間を足して、パッケージの表示時間になるように調理する。

○冷製パスタのゆで時間は？

ゆで時間

＝

表示時間

×

1.2

◎ゆでたパスタを氷水で冷やすと麺がしまるので、表示時間より長めにゆでると、ちょうどいい固さになる。

○牛肉が軟らかくなる漬け込み時間は？

コーラ
＝
10分以上

ヨーグルト
＝
30分

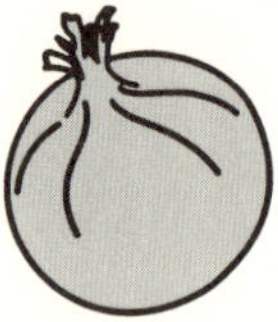

おろし玉ねぎ
＝
1時間

○スペアリブに下味を漬け込む時間は？

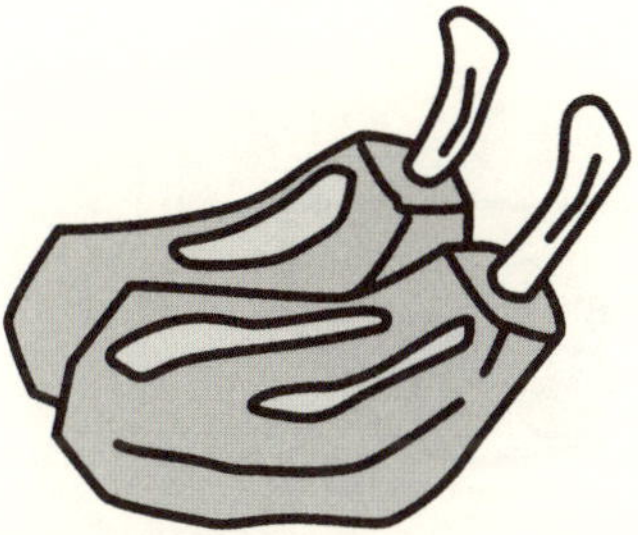

下味を漬け込む時間

＝

半日

○鶏の唐揚げに下味を漬け込む時間は？

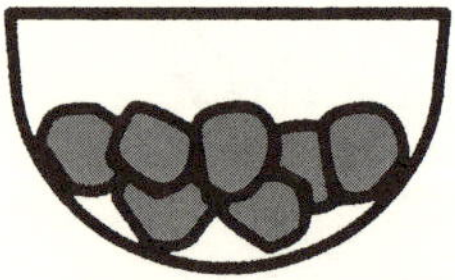

下味を漬け込む時間

＝

1時間以上

◯揚げ物をするときの油の量は？

材料がかぶる
程度

＝

深さ3～5cm
程度

○鶏の唐揚げは何度で揚げる？

揚げ油の温度

＝

160〜170℃

◎160℃の目安は、油に衣をちょっと落とすと、いったん底まで沈んで浮き上がる。

◯とんかつは何度で揚げる？

揚げ油の温度

＝

170℃

◎170℃の目安は、油に衣をちょっと落とすと、底まで沈まず、途中まで沈んで浮き上がる。

○天ぷらは何度で揚げる？

魚介類

＝

180℃

野菜

＝

150〜170℃

かき揚げ

＝

170℃

◎180℃の目安は、油に衣をちょっと落とすと、沈まずに表面に浮かぶ。

日本人なら知っておきたい料理の単位

米の洗い方や炊き方、
だし汁の作り方、
煮物や煮魚の調理方法、 等々。
基本的な和食についても
覚えておくべき単位は
いろいろあります。

○だし汁を作るときの水と昆布とかつお節の量は？

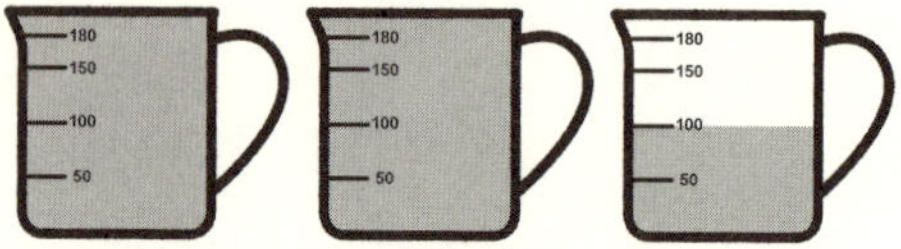

水2 1/2 カップ
(500mℓ)

＋

昆布5㎝角

＋

かつお削り節5g

◎だし汁の作り方／昆布はあらかじめ水に浸けておき、ごく弱火にかける。昆布を取り出したら火を強め、沸騰したらかつお削り節を加えて弱火にして煮出す。火を止めて、かつお削り節が鍋底に沈んだら目の細かいザルなどで濾す。

○だし汁を作るときの昆布の浸け時間は？

昆布を水に浸けておく時間

＝

30分〜1時間

○だし汁を作るときの昆布を取り出すタイミングは？

昆布を取り出すタイミング

＝

沸騰直前

◯だし汁を作るときのかつお節を煮出す時間は？

かつお節を煮出す時間

＝

沸騰してから約２分

◎２分煮たら火を止め、かつお削り節が鍋底に沈むまでおく。

◯煮干しでだし汁を作るときの水と煮干しの量は？

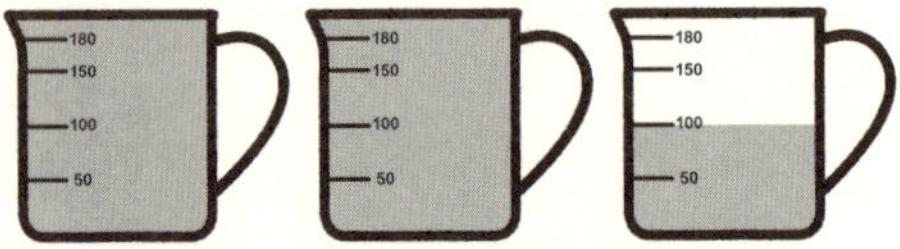

水2 1/2 カップ
(500mℓ)

+

煮干し10〜15ｇ

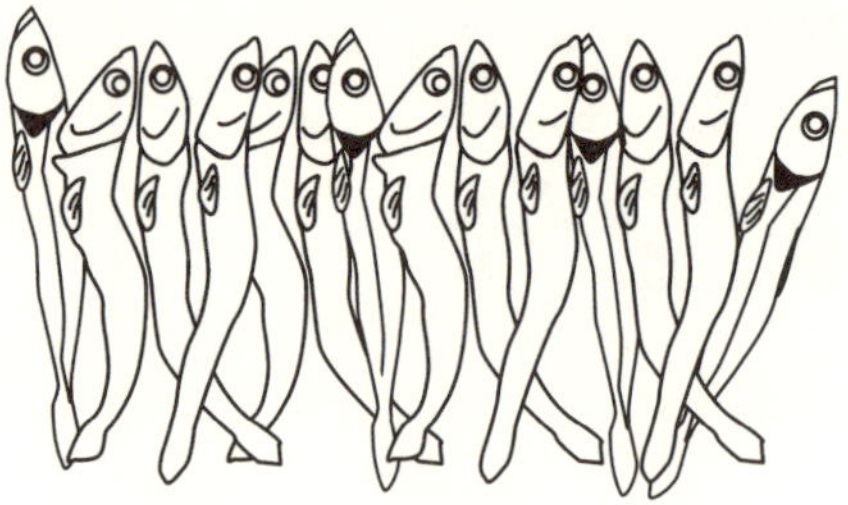

煮干しは1尾1〜2ｇ

◎煮干しのだし汁の作り方／水に頭とワタをとった煮干しを加えて火にかける。

◯煮干しでだし汁を作るときの火加減は？

火加減

＝

弱火〜中火で、
沸騰するまでに
10分くらい
かかる程度

○煮干しでだし汁を作るときに煮出す時間は？

煮干しを
煮出す時間

＝

沸騰直前に
火を弱めて
約5分

◎アクを取りながら煮出し、だしがとれたら煮干しを取り出す。

〇煮干しのだし汁を水出しで作るときの時間は？

水出しする時間

＝

4～5時間

◎から煎りした煮干しを、昆布と一緒に水に浸す。

○米を洗うとき、水を替える回数は？

水を替える回数
=
2〜3回

◎米の洗い方は、円を描くように10回ほどかき混ぜてから水を捨てる。近年は精米技術が向上したため、米は「研ぐ」よりも「洗う」が主流となっている。

○米の吸水時間は？

夏

＝

30分程度

冬

＝

1時間程度

春と秋

＝

40～50分程度

○米１合に対する水の量は？

新米

＝

200mℓ

古米

＝

210～220mℓ

◎新米は古米よりも水分が３％程度多いため、少なめの水で炊く。

○ごはんを土鍋で炊くときの火加減と時間は？

**中火で10分かけて
沸騰させる**

↓

**沸騰したら
弱火にして20分
加熱して火を止める**

○ごはんを土鍋で炊くときの蒸らし時間は？

蒸らし時間

＝

10分

○八方だしの割合は？

八方だし

＝

だし汁
8

：

しょうゆ
1

：

みりん
1

◎八方だしは、煮物や炊き込みごはんなど、さまざまな和食の料理に使える。

◯おひたしのひたし汁の割合は？

おひたしのひたし汁

＝

だし汁 4

：

しょうゆ 2

：

みりん 1

◎青菜のおひたし全般に使える。

○野菜の煮物の煮汁の割合は？

野菜の煮物の煮汁

＝

だし汁
10

：

しょうゆ
1

：

みりん
1

○煮魚の煮汁の割合は？

煮魚の煮汁

＝

水3

：

酒3

：

しょうゆ1

：

みりん1

○茶碗蒸しの卵とだし汁の割合は？

茶碗蒸しの卵液

＝

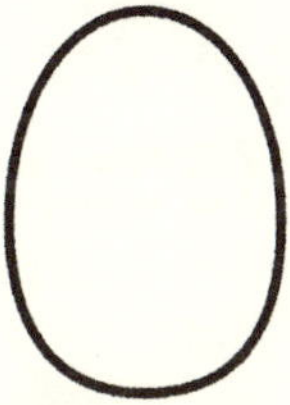

卵1コ

＋

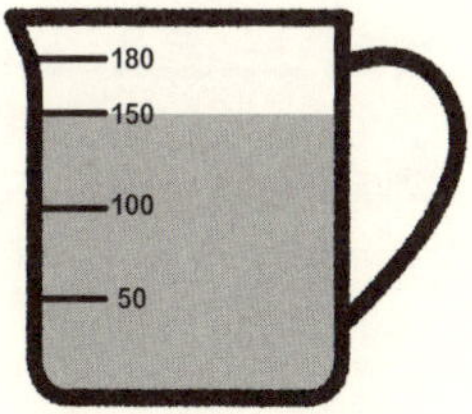

だし汁 3/4 カップ
（150㎖）

●上記の分量で２人前。

○天ぷらの衣の卵と水と粉の割合は？

天ぷらの衣

＝

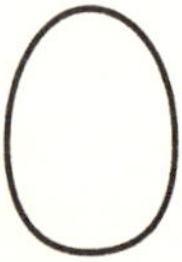

卵Mサイズ
1コ（50g）

＋

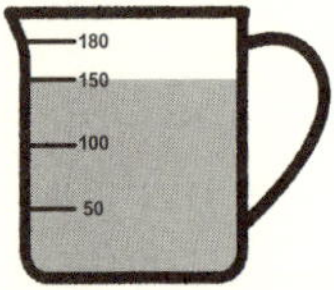

冷水
3/4 カップ（150mℓ）

＋

薄力粉
1 カップ弱（100g）

◎卵を冷水に割り入れてしっかり混ぜ合わせてから、ふるった薄力粉を加えてさっくり混ぜる。

○刺身がおいしく食べられる厚みは何ミリ？

赤身の魚

＝

厚さ1㎝

白身の魚

＝

厚さ5㎜

青魚

＝

厚さ5㎜

◎赤身は軟らかいので、薄く切ると歯ごたえがなくなる。白身は身が締まっているので、薄く切ったほうが適度な歯ごたえを感じられる。青魚は脂が多いので、厚く切るとしつこい味になる。

◯ぬか漬けを漬ける時間は？

大根

半日〜１日

皮をむいて
たて半分に切る

きゅうり

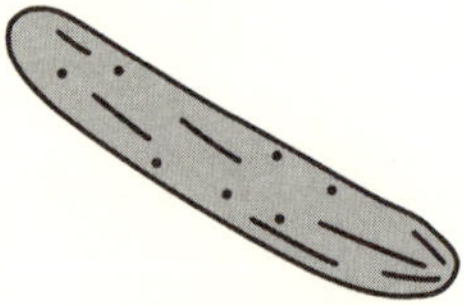

３時間

にんじん

半日〜１日

皮をむいて
たて半分に切る

なす

１日

たて半分に
切り込みを入れる

◎漬け時間は、ぬか床の状態によっても異なるので、目安として時間を調整する。

長いも

半日

ひげ根をとって
皮つきのまま

かぶ

10～20時間

十字に切り込み
を入れる

キャベツ

半日

葉を1枚ずつはがして、
ぬか床を包んで漬ける

かぶの葉

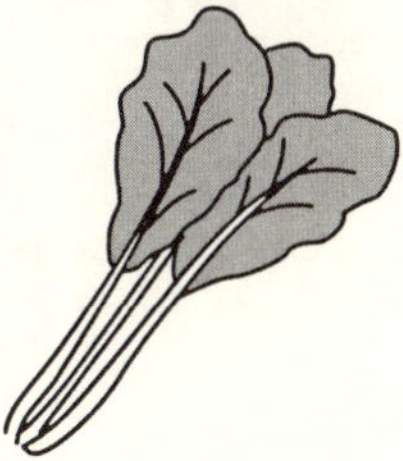

7～8時間

◎冷蔵庫でぬか床を保管する場合は、上記の時間よりおよそ2～3倍の時間がかかる。

○しめさばのシメ時間は？

たっぷりの
塩をまぶす

‖

2～3時間

↓

酢に漬ける

‖

15分

◎まぶした塩は酢で洗い流す。さばは三枚におろして腹骨をそぎ取ってからシメる。皮は食べる直前にひく。

○しめあじのシメ時間は？

たっぷりの
塩をまぶす
＝
20分
↓
酢に漬ける
＝
5分

◎まぶした塩は酢で洗い流す。あじは三枚におろして腹骨をそぎ取ってからシメる。皮は食べる直前にひく。

○米1合で、いなり寿司は何コ作れる？

米1合

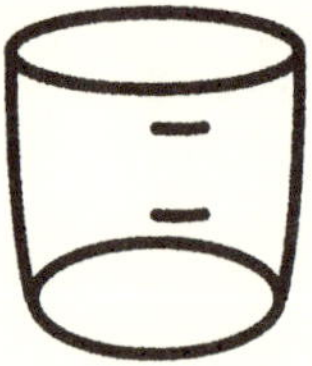

＝

いなり寿司
10コ

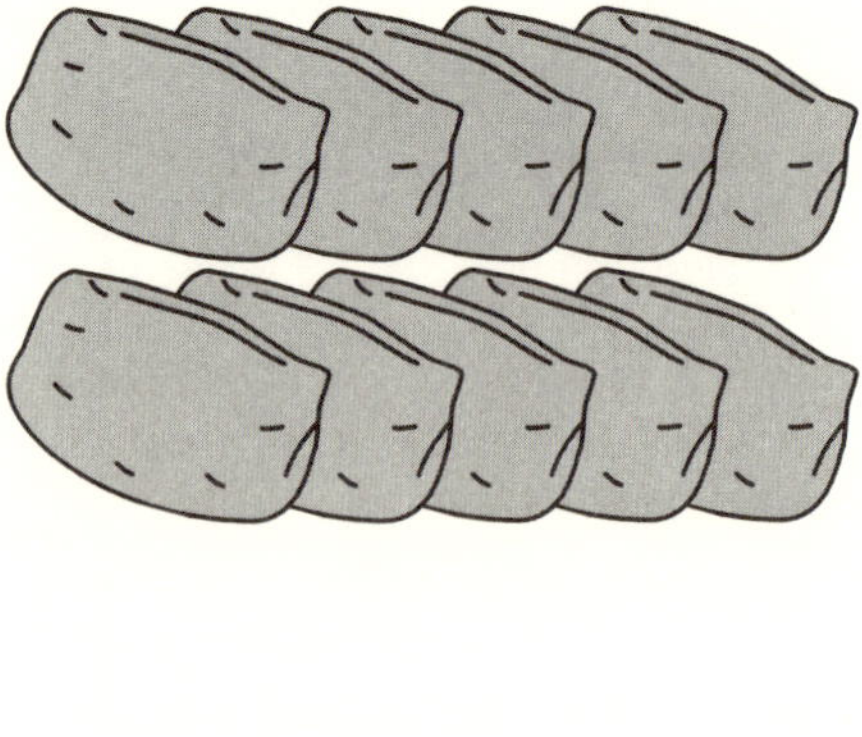

もっと手早くできる料理の単位

毎日忙しい人なら、
「料理は手早く作りたい」と
思っているのでは？
そんな願いに応える
手軽な単位を紹介します。

◯バッター液の卵、牛乳、薄力粉の割合は？

バッター液

＝

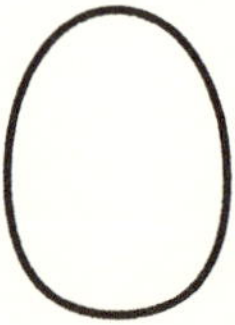

卵1コ

＋

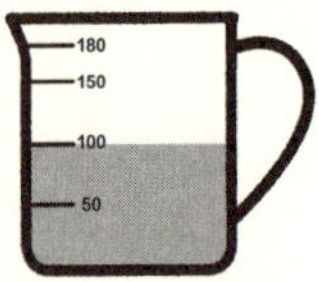

牛乳
1/2 カップ
（100mℓ）

＋

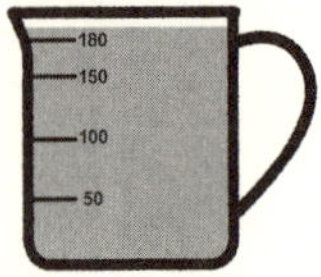

薄力粉
9/10 カップ
（100g）

◎揚げ物を作るとき、通常は肉や魚介に薄力粉、溶き卵、パン粉の順につけて揚げるが、バッター液はこの薄力粉と卵の代わりになる。食材をバッター液にくぐらせてパン粉をつければいいので、工程が省けて、仕上がりもソフトになる。

○温泉卵をレンジで作るには何分チンする？

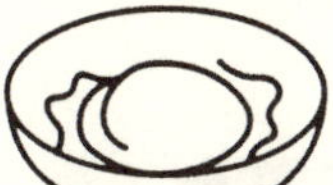

温泉卵

＝

500Wの電子レンジで約1分

◎卵は器に割り入れて卵がかぶるくらいの水を加え、破裂防止のために楊枝で黄身に穴を開けて、ラップをして電子レンジで加熱する。初めての場合は40秒程度で固まり具合を見て、あとは好みの仕上がりに調節する。

◯二杯酢の調味料の割合は？

二杯酢

酢 1 ： しょうゆ 1

減塩二杯酢

酢 3 ： しょうゆ 2

◎酢の酸味を和らげるため、どちらもだし汁を酢の半量くらい加えてもいい。

○三杯酢の調味料の割合は？

三杯酢

酢 1 ： しょうゆ 1 ： みりん 1

減塩三杯酢

酢 3 ： しょうゆ 1 ： 砂糖 2

◎酢の酸味を和らげるため、どちらもだし汁を酢の半量くらい加えてもいい。

○寿司酢の調味料の割合は？

寿司酢

＝

酢
6

：

砂糖
6〜7.5

：

塩
1

◎酢めし３合分の寿司酢＝酢大さじ４（60ml）＋砂糖大さじ４〜５＋塩小さじ２となる。

◯ドレッシングの酢と油の割合は？

◎塩（またはしょうゆ）とこしょうを酢に溶いてから、油を少しずつ加えながら混ぜる。油はサラダ油、オリーブ油、ごま油などお好みで。

○落とし蓋の大きさは、どのくらい？

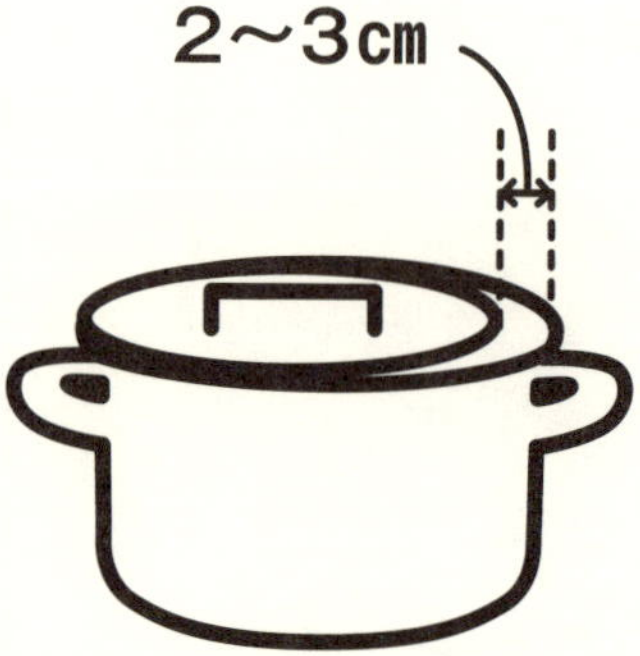

落とし蓋の大きさ

＝

鍋の直径−2〜3㎝

レシピがよくわかる料理の単位

ひとつまみ、少々、
ひたひた、かぶるくらい、
適量、適宜、1把、1束……。
レシピによく出てくる言葉を
理解しておきましょう。

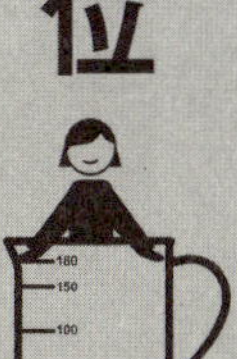

○「15cc」って、何ミリリットル？

15cc

＝

15mℓ

◎以前、料理のレシピには「cc」という単位が使われることが多かったが、近年は「mℓ」表記が主流となっている。

○「1合」って、何ミリリットル？

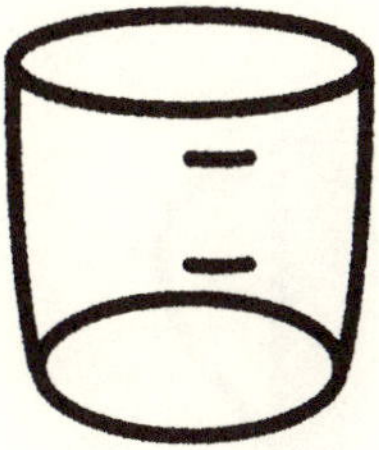

1合

＝

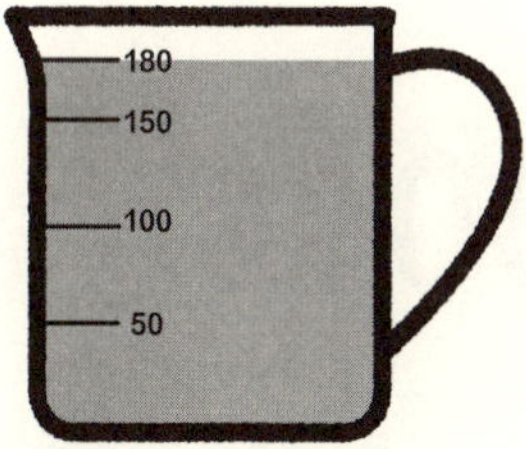

180㎖

○「1カップ」って、何ミリリットル？

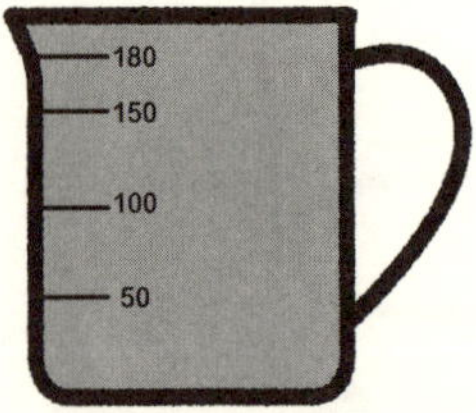

1カップ

＝

200mℓ

○「大さじ1」「小さじ1」って、何ミリリットル？

大さじ1
=
15mℓ

小さじ1
=
5mℓ

◎大さじ１・小さじ１をはかるときは、塩や砂糖など粉状のものはさじの表面を平らにした「すりきり」で。液体の場合は、表面張力で盛りあがるくらい。

○「大さじ1/2」って、大さじの何分目？

浅めの大さじ

＝

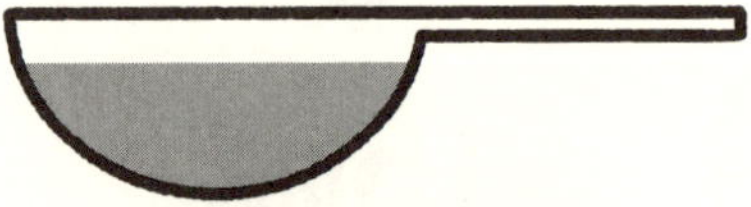

八分目

深めの大さじ

＝

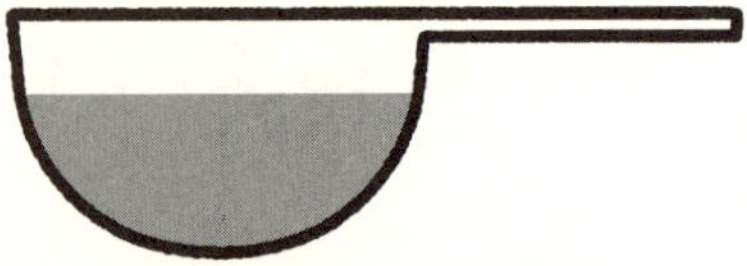

六分目

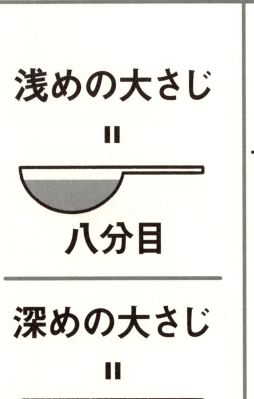

○「大さじ1強」って、どのくらい？

大さじ1強

＝

やや大盛り

○「ひとつまみ」って、どのくらい？

ひとつまみ

＝

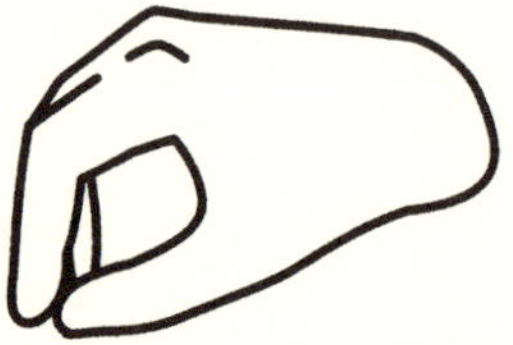

**親指、人さし指、
中指の３本の指で
つまんだ量**

＝

約小さじ1/5〜1/4

○「少々」って、どのくらい？

少々

＝

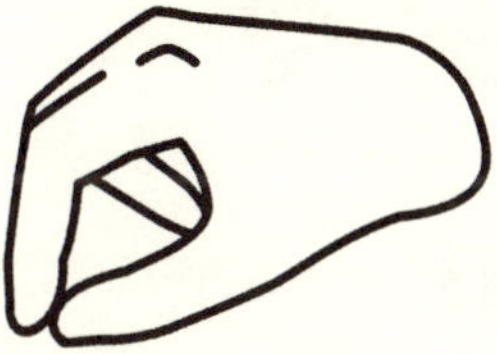

**親指、人さし指の
2本の指で
つまんだ量**

＝

約小さじ1/8

○「油少々」って、どのくらい？

油少々

＝

約小さじ1/2

○「レモン汁少々」って、どのくらい？

レモン汁少々

=

約小さじ1

=

レモン 1/6 コの
しぼり汁くらい

◯「適量」って、どのくらい？

適量

＝

**その料理に見合った
適当な分量のこと**

○「適宜《てきぎ》」って、どのくらい？

適宜

＝

**必要なら
好みの分量を入れる。
入れなくてもいい**

○「1株」って、どのくらい？

1株

＝

1つの根元から出ている量

○「1把《わ》」「1束」って、どのくらい？

1把

＝

1束

＝

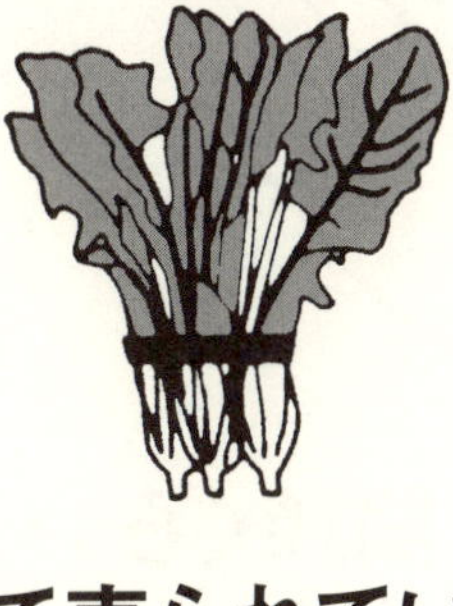

束ねて売られている量

○「しょうが1かけ」って、どのくらい？

しょうが1かけ

=

約10g

=

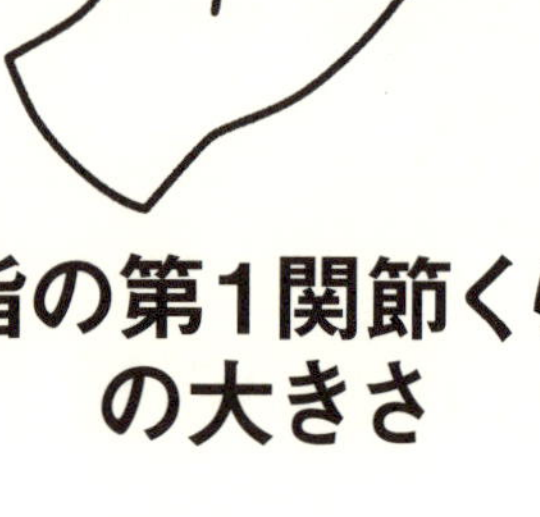

親指の第1関節くらいの大きさ

○「たらこ１腹」って、どのくらい？

たらこ1腹

＝

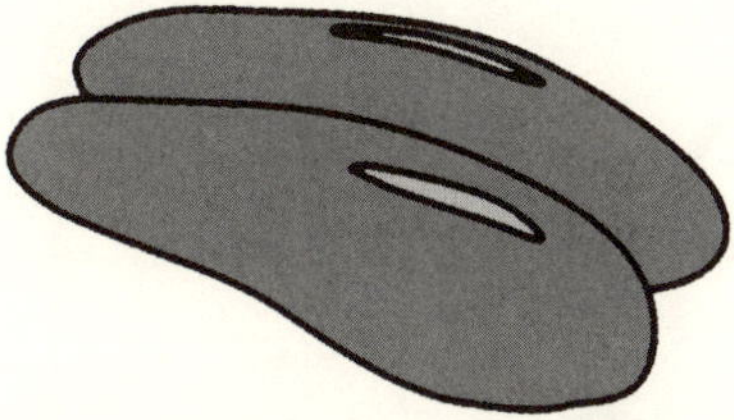

薄皮に包まれた袋が
２つくっついている状態

○「豆腐1丁」って、何グラム？

豆腐1丁

＝

300g前後

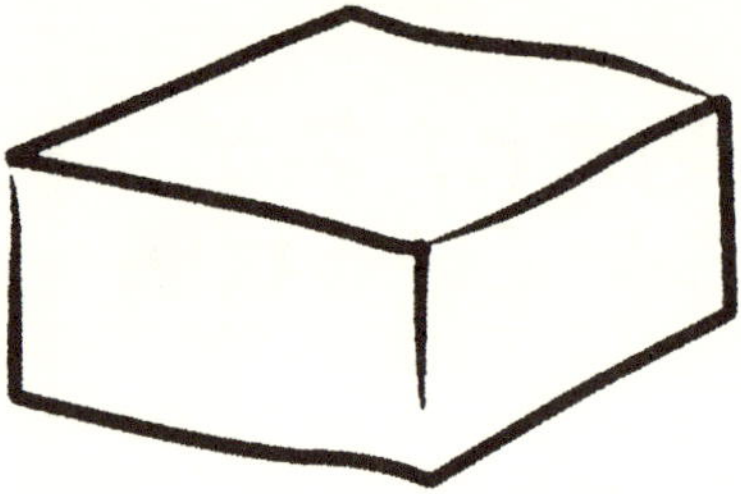

◎豆腐にはいろいろな大きさのものがあり、沖縄では1丁1kgほどのものも売られている。

○「ひたひた」と「かぶる」の水の量は？

ひたひた

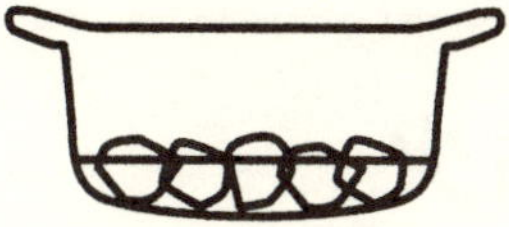

材料の頭が
水面から少し出ている状態

かぶるくらい

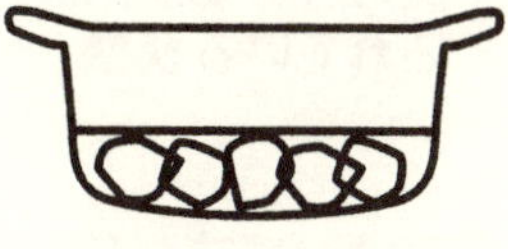

材料全体が水にちょうど
浸かっている状態

○「弱火」「中火」「強火」の火加減は？

とろ火

火が消えない程度
のごく弱い状態

弱火

炎の先が鍋底に
ぎりぎりふれない
状態

中火

炎の先が鍋底に
ふれている状態

強火

炎が勢いよく出て、
鍋底全体に
広がっている状態

○「ことこと」「ぐつぐつ」って、どんな状態？

ことこと

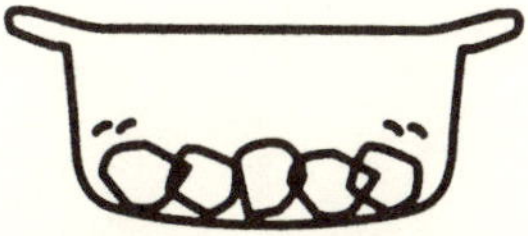

弱火で、具材が
軽く揺れるくらいの状態

ふつふつ

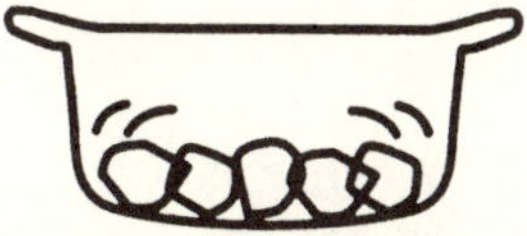

中火で、具材がゆっくり動く
くらいの状態

ぐつぐつ

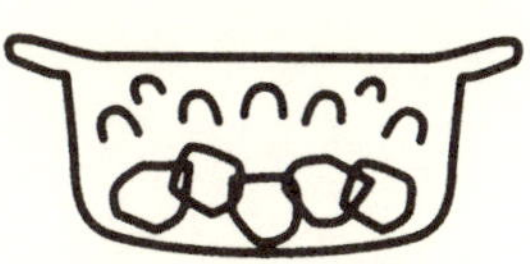

強火で吹きこぼれないように
煮立てた状態

○「ひと煮立ち」って、どのくらい？

ひと煮立ち

＝

沸騰するまで
煮ること

○「ひと煮」って、どのくらい？

ひと煮

＝

温まる程度に
少しだけ煮ること

○「みじん切り」「粗みじん切り」の大きさは？

みじん切り

＝

1〜2㎜角

粗みじん切り

＝

3〜4㎜角

○「せん切り」「細切り」って、どのくらいの細さ？

せん切り

＝

1～2㎜幅

細切り

＝

3～4㎜幅

○「ざく切り」って、どのくらいの大きさ？

ざく切り

＝

3～4cm幅

○「ひと口大」って、どのくらいの大きさ?

ひと口大

=

1辺が3㎝程度

○「粗《あら》熱《ねつ》をとる」って、どのくらいの熱さ？

粗熱をとる

＝

手でさわれる
くらいの熱さ

◎「粗熱」は、アツアツに加熱された状態のこと。

○「八分立て」って、どんな状態？

六分立て

＝

泡立て器ですくい上げると、
帯状にとろとろ落ちる状態

七分立て

＝

泡立て器ですくい上げると、もったりと
重く、線が描けるくらいの状態

八分立て

＝

泡立て器ですくい上げると、
やわらかいツノが立つ状態

○「水溶き片栗粉」の水と片栗粉の割合は？

一般的な水溶き片栗粉

水 1 ： 片栗粉 1

ゆるめの水溶き片栗粉

水 2 ： 片栗粉 1

◎水と片栗粉が2対1の水溶き片栗粉のほうがダマになりにくいので、初心者向き。

下ごしらえに困らない料理の単位

煮たり焼いたりする前に、
下ごしらえが必要なことは、
意外なほど多いもの。
「時間」などの単位を使って、
正しい方法を覚えませんか？

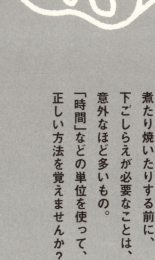

○切った野菜を水にさらす時間は？

なす

10分

玉ねぎ

5〜10分

ごぼう

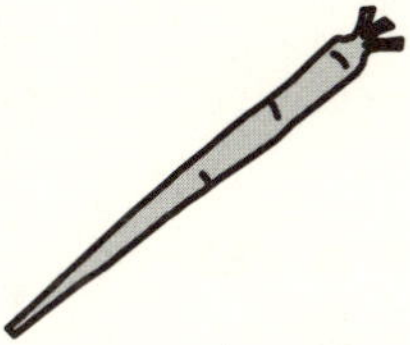

5〜10分

じゃがいも

10分

れんこん

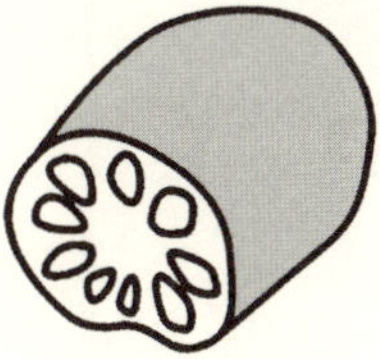

5〜10分

さつまいも

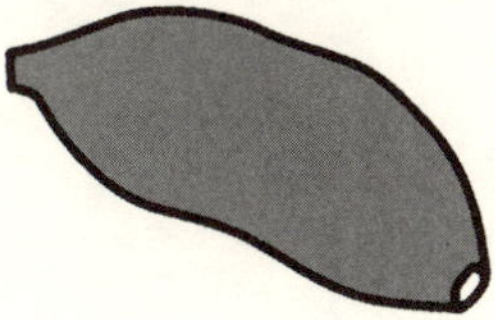

5分

◎切った野菜を水にさらすのは、アクや辛みを取るため。

○豆腐の水きりは何分？

軽く水きり

‖

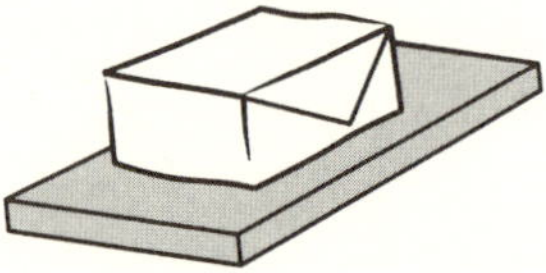

豆腐をキッチンペーパーで包み、傾斜をつけたまな板などの上に置く

30分〜1時間

しっかり水きり

‖

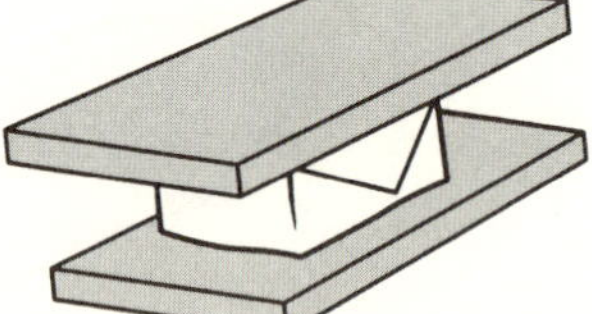

豆腐をキッチンペーパーで包み、傾斜をつけたまな板などの上に置き、豆腐の上にまな板や皿などの均一に重みがかかる重しをのせる

2時間〜

○豆腐をレンジで水きりする時間は？

電子レンジで水きり

＝

キッチンペーパーに包んで2分ほど加熱

●500Wの電子レンジで加熱した場合。

○あさりの砂抜きをするときの塩水の濃度は？

塩分濃度3％

＝

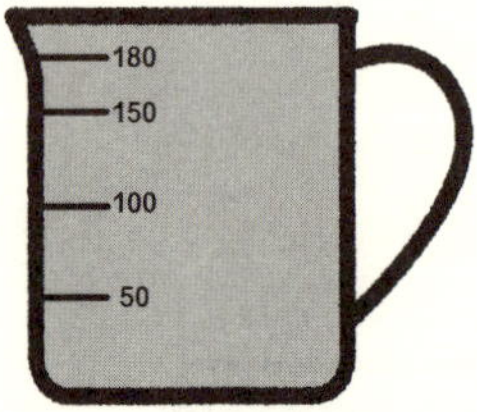

水1カップ

＋

塩小さじ1

◎しじみの砂抜きは真水で行う。

○あさりの砂抜きの時間は？

砂抜きの時間

＝

最低30分

↓

できれば

冬
4〜5時間

夏
2〜3時間

○乾物を水に浸けてもどす時間は？

どんこ

（肉厚の干ししいたけ）

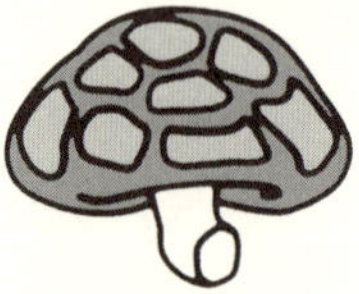

＝冷蔵庫でひと晩

香信《こうしん》

（薄くて傘が開いている干ししいたけ）

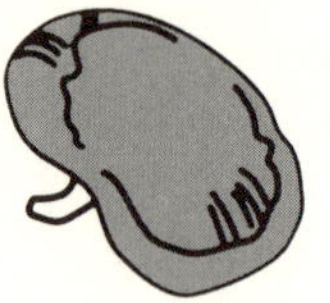

＝2〜3時間

干し貝柱

＝一昼夜

黒きくらげ

30分

ひじき

30分

白きくらげ

15分

切り干し大根

10分

○どんこはもどしたら何倍になる？

もどしたどんこ

＝

乾物の約4倍

○ひじきと切り干し大根はもどしたら何倍になる？

もどしたひじき

＝

乾物の約7倍

もどした切り干し大根

＝

乾物の約4倍

◎切り干し大根は洗ってからもどし、ひじきはもどしてから洗う。切り干し大根のもどし汁は、だし汁として活用できる。

○大豆を水に浸けてもどす時間は？

大豆

＝

6〜8時間

◎大豆の量の４〜５倍以上の水に浸ける。夏場は豆が傷むので、冷蔵庫に入れてもどす。

○大豆はもどしたら何倍になる？

もどした大豆

＝

乾物の約2.5倍

○ドライトマトをもどす時間は？

かぶるくらいの
湯に浸ける

＝

10～15分

◎もどし汁は、だし汁として活用できる。

○たけのこのゆで時間は？

水からゆでて、
沸騰したら
落とし蓋をする

＝

弱火で
（小）40分
（大）1時間

◎たけのこは、たっぷりの水に米ぬかと赤唐辛子を入れてゆでる。

○肉は何センチ間隔で筋切りする？

肉の筋切り

＝

2〜3cm間隔

◎「筋切り」とは、肉の赤身と脂の間にある筋の部分に、包丁で切り込みを入れること。こうすることで、火を通したときに肉が反り返らない。

◯かたまり肉は何センチ間隔でタコ糸を巻く？

タコ糸

=

3～4cm間隔

◎タコ糸を巻くのは、形を整えて、火の通りを均一にするため。

○レバーを水にさらす時間は？

レバー

＝

30分

◎豚レバーも鶏レバーも、水にさらすのは血抜きをするため。

◯塩豚を作るときの塩の割合は？

豚かたまり肉
100ｇ
＋
塩小さじ1/2
程度

◎豚かたまり肉に塩をまんべんなくすり込み、ラップでぴっちりと包んで冷蔵庫で保存する。3日目から食べごろ。塩をすり込んでから、5日間ほど保存できる。

◯すじ肉が軟らかくなる煮込み時間は？

すじ肉の
煮込み時間

＝

弱火で
2時間以上

食品保存の料理の単位

肉や魚、野菜、
ごはん、スープなどは
どのくらい保存できるのか？
この章に目を通せば、
疑問が解消することでしょう。

○肉を冷凍保存できる日数は？

肉の冷凍保存

＝

2〜3週間

○魚を冷凍保存できる日数は？

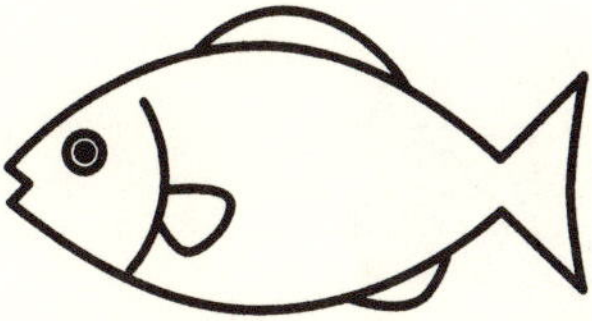

魚の冷凍保存

＝

2〜3週間

〇野菜を冷蔵庫で保存できる日数は？

青菜

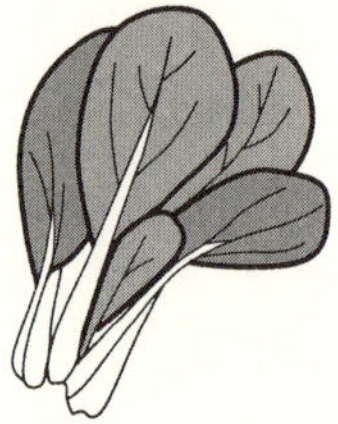

2～5日

カットしたかぼちゃ

約2週間～1カ月

種とワタを取り除いてラップで包む

キャベツ

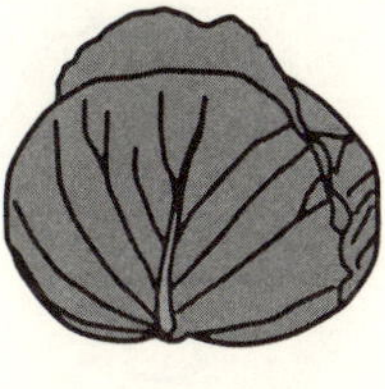

約1週間

大根

約1週間

レタス

3～4日

にんじん

約2週間

ピーマン

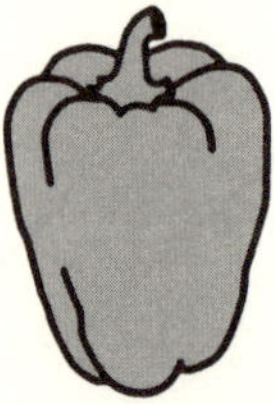

約2週間

ブロッコリー

4〜5日

きゅうり

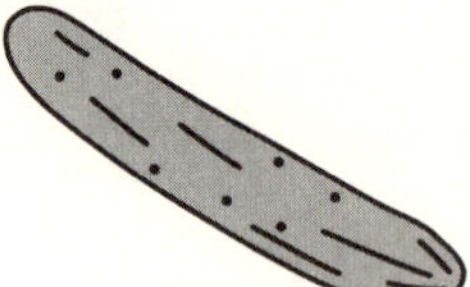

4〜5日

トマト

3〜4日

○野菜を冷凍庫で保存できる日数は？

ゆでた青菜

＝

約3週間

ゆでたブロッコリー

＝

約1カ月

刻んだねぎ

＝

約3週間

○野菜を涼しい場所で保存できる日数は？

じゃがいも

＝

約1カ月

玉ねぎ

＝

約1カ月

○だし汁やスープを保存できる日数は？

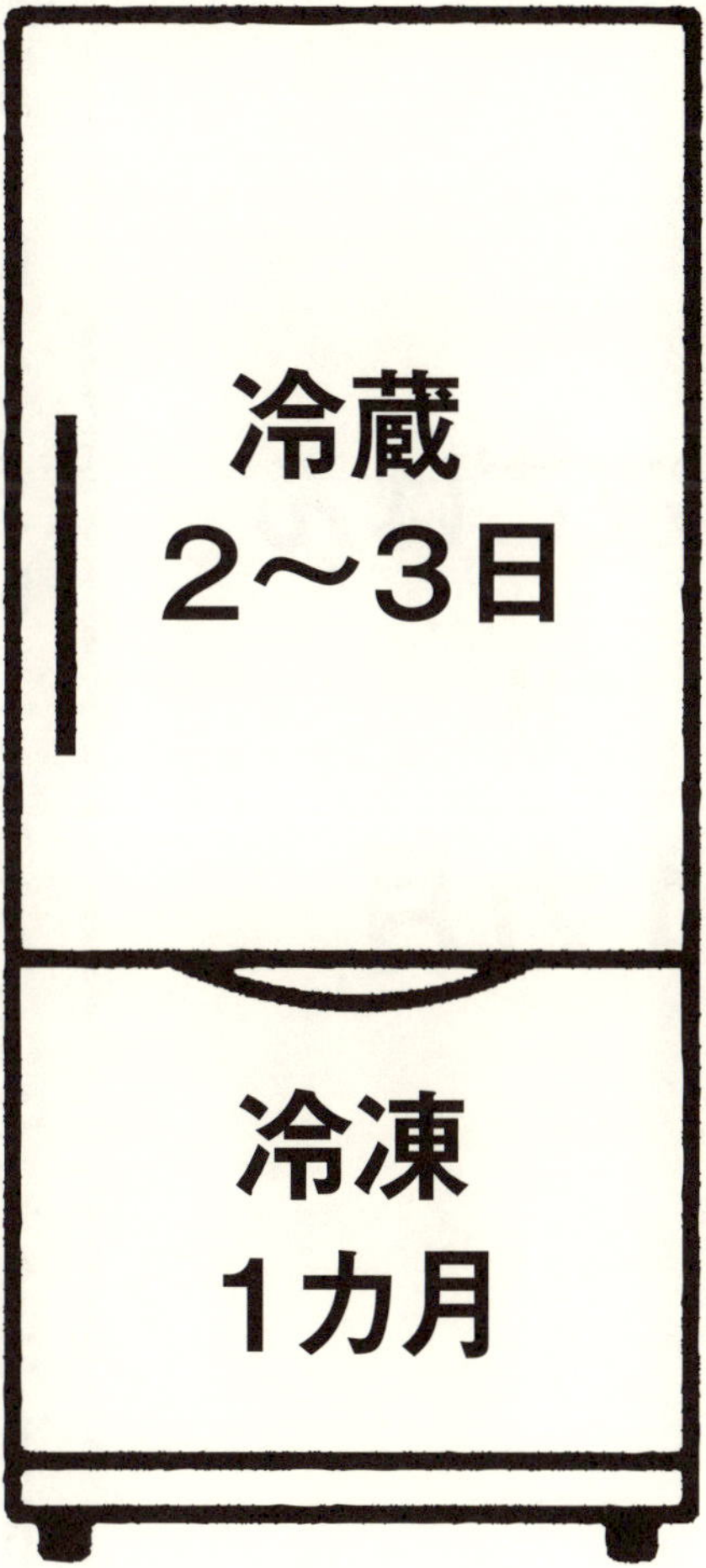

◯冷凍ごはんをおいしく食べられる保存期間は？

冷凍ごはん

＝

1カ月

◯米をおいしく食べられる保存期間は？

秋から冬
＝
２カ月

春
＝
1カ月

梅雨～夏
＝
半月

○日本酒をおいしく飲める保存期間は？

純米酒

＝

1年

純米吟醸

＝

10カ月

大吟醸

＝

8カ月

もっと健康になれる料理の単位

おいしさはもちろん、
健康にいいかどうかも、
料理の大きなポイントです。
塩分やエネルギー量を中心に
料理と健康の関係を
単位を使って解き明かします。

○1日の食塩摂取量の目標って、何グラム？

男性

＝

8g未満

女性

＝

7g未満

●厚生労働省「日本人の食事摂取基準」（2015年版）より。男女とも18歳以上の場合。

○しょうゆ大さじ1の塩分って、何グラム？

しょうゆ
大さじ1の塩分

=

2.4g

○みそ大さじ1の塩分って、何グラム？

淡色みそ	2.2g
白みそ	1.1g
麦みそ	1.9g
豆みそ	2g
赤みそ	2.3g

◎淡色みそは全国的に最も一般的なタイプ。甘口の白みそは関西を中心に好まれる。麦みそも甘口で、九州や四国西部、中国地方などで使われる。豆みそは東海地方で造られるみそで、八丁みそが代表。赤みそは東北などで好まれるみそで、塩分が最も高い。

○みそ汁1杯に含まれる塩分は何グラム？

みそ汁1杯の塩分

＝

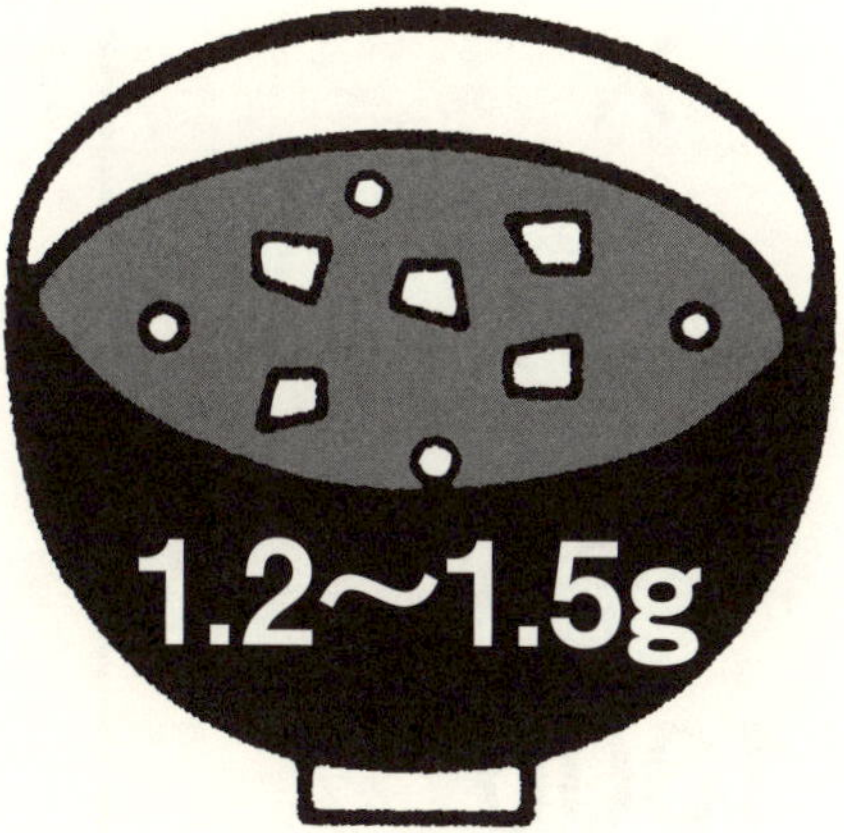

◯食品表示のナトリウム量って、食塩だとどのくらい？

食塩量（g）

＝

ナトリウム(mg)

×

2.54

÷

1000

◎食塩の主成分は塩化ナトリウム。食品のラベルに表示されている「ナトリウムの量」は「塩分の量」ではないので注意。

◯減塩食品の塩分って、どのくらい？

「減塩」表示の基準

＝

①
100g当たりの
ナトリウム量が
120mg以下の場合

②
同様の食品と比べて、
100g当たりのナトリウム量を
120mg減らした場合

◎①を「絶対表示」、②を「相対表示」という。

○1日に食べたい野菜の量は？

1日に食べたい
野菜

＝

350g以上
（緑黄色野菜を含む）

1日に食べたい
緑黄色野菜

＝

120g以上

●厚生労働省が推進する健康づくり運動「健康日本21」より。

○ごはん1膳のエネルギー量は？

普通盛り140g

= 235kcal

大盛り240g

= 403kcal

◎30〜49歳の1日のエネルギー必要量（デスクワークが多い場合）は、男性2650kcal、女性2000kcal。

○食パン1枚のエネルギー量は？

食パン6枚切り

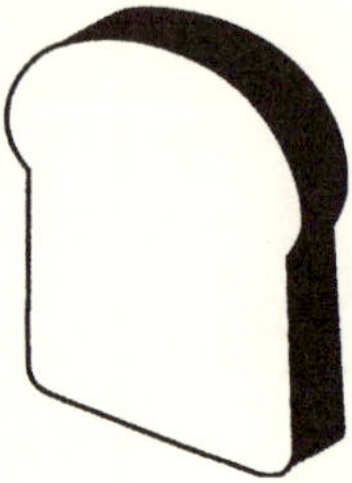

＝

177kcal

食パン4枚切り

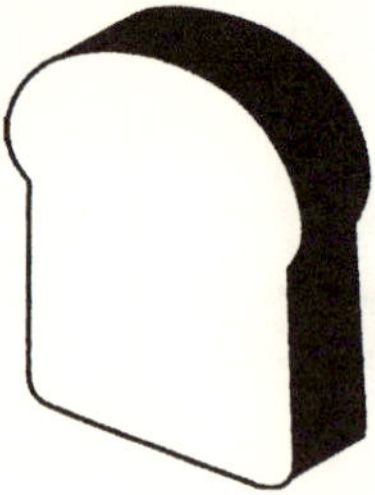

＝

264kcal

●メーカーや商品によって若干異なる場合がある。

○サラダ１人前のフレンチドレッシングのエネルギー量は？

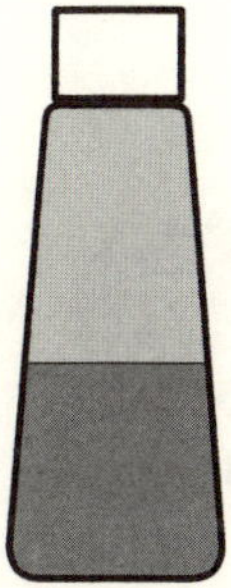

フレンチ
ドレッシング
1人前
＝
61kcal

●「五訂増補日本食品標準成分表」をもとに、1人前15gで計算。

◯サラダ油大さじ1のエネルギー量は？

サラダ油
大さじ1

＝

約110kcal

◯サラダ油とオリーブ油のエネルギー量は？

サラダ油のエネルギー量

＝

オリーブ油のエネルギー量

◎サラダ油、オリーブ油、ごま油、大豆油、サフラワー油、なたね油ほか、すべての植物油は脂質100％で、100 g当たりのエネルギー量も921kcalと同じ。

○O157を死滅させる加熱温度は？

O157が死滅する温度

＝

75℃

×

1分以上

買い物で困らない料理の単位

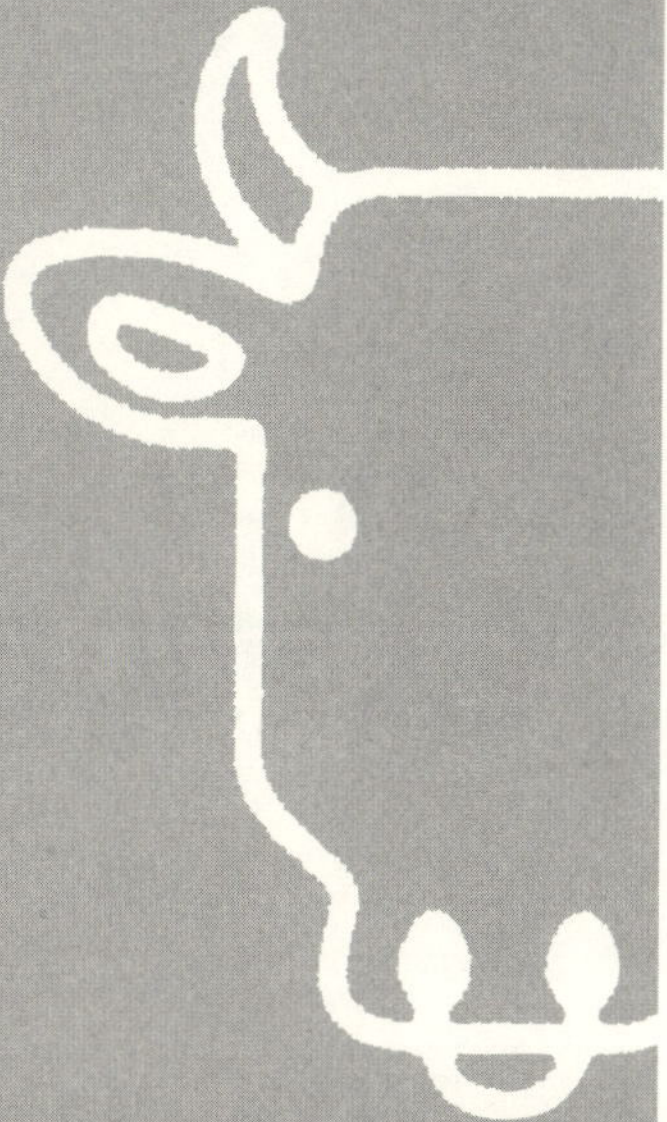

食材の目安量から
「和牛」「新米」の定義まで、
食材に関する項目を
いろいろ集めました。
買い物で役に立ちますよ！

○ハンバーグ１人前のひき肉は何グラム？

**ハンバーグ
1人前のひき肉**

＝

70〜100ｇ

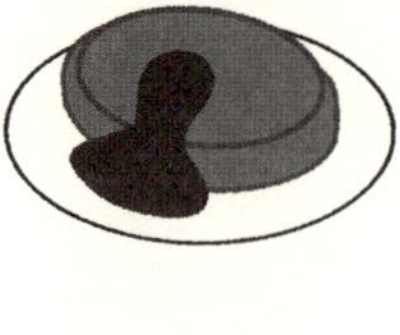

○スライスチーズ1枚は何グラム？

スライスチーズ
1枚

＝

18g

◯クリームシチューに適した生クリームの脂肪分は？

クリームシチュー

＝

乳脂肪分
45%前後

○お菓子作りに適した生クリームの脂肪分は？

**コクのある
お菓子
＝
乳脂肪分
40%以上**

**あっさりした
お菓子
＝
乳脂肪分
40%未満**

○和牛って、どんな牛？

和牛

＝

「黒毛和種」「褐毛《あかげ》和種」
「日本短角種」「無角和種」の
４種類の品種。
もしくはその交雑種で、
日本国内で生まれて
生育された牛のこと

○国産牛って、どんな牛？

国産牛

‖

日本国内での飼育期間が
最も長い牛のこと。
ホルスタインなどの乳用種、
乳用種と肉用種の交雑種、
日本で3カ月以上肥育された
外国生まれの牛が含まれる

○新米って、いつからいつまでのもの？

新米

＝

**生産年の12月31日
までに精米され、
袋などに入れられた
米のこと**

◯食パンの1斤《きん》って、どのくらい？

食パン1斤

＝

340ｇ以上

◎「包装食パンの表示に関する公正競争規約」で、１斤の重さが決められている。サイズや形状についての取り決めはない。

○Mサイズの卵って、何グラム？

〈卵のサイズ〉

SS	40g以上 46g未満
S	46g以上 52g未満
MS	52g以上 58g未満
M	58g以上 64g未満
L	64g以上 70g未満
LL	70g以上 76g未満

◎サイズが違っても、黄身の大きさはほとんど変わらない。大きな卵ほど白身の量が多くなる。

◯あさり100グラムって、何コ？

あさり100g

=

中サイズ
10コ

◎あさり中サイズ1コ＝約10g。

○ホールケーキの5号って、直径何センチ？

〈ホールケーキのサイズ〉

サイズ	直径	目安
4号	12cm	2〜4人前
5号	15cm	4〜6人前
6号	18cm	6〜8人前
7号	21cm	8〜10人前
8号	24cm	10〜12人前

もっとおいしくなる飲み物の単位

お茶やコーヒー、紅茶、
ビールやワイン、日本酒を
もっとおいしく飲んでみたい。
そんなあなたに知ってほしい
お役立ち情報が満載です。

○日本茶2杯分の湯と茶葉の量は？

湯150〜200mℓ

＋

茶葉

ティースプーン中盛り2杯（約4g）

湯150〜200mℓ

＋

茶葉

ティースプーン山盛り1杯（約3g）

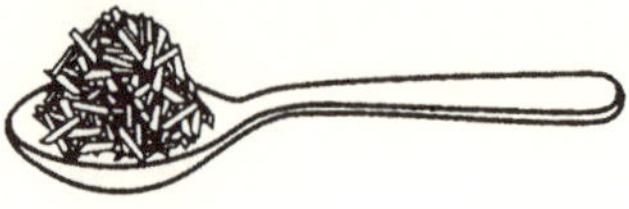

○紅茶１杯分の湯と茶葉の量は？

紅茶1杯

＝

湯150～160㎖

＋

茶葉
ティースプーン
中盛り１杯
（約2ｇ）

◎ティースプーン中盛り１杯＝約２ｇ、山盛り１杯＝約３ｇ。ただし、ティースプーンには規格がなく、いろいろな大きさのものがあるので注意。

○コーヒー1杯分の湯と豆の量は?

コーヒー1杯

＝

湯140㎖

＋

挽いた豆
ティースプーン
山盛り3杯
（約10g）

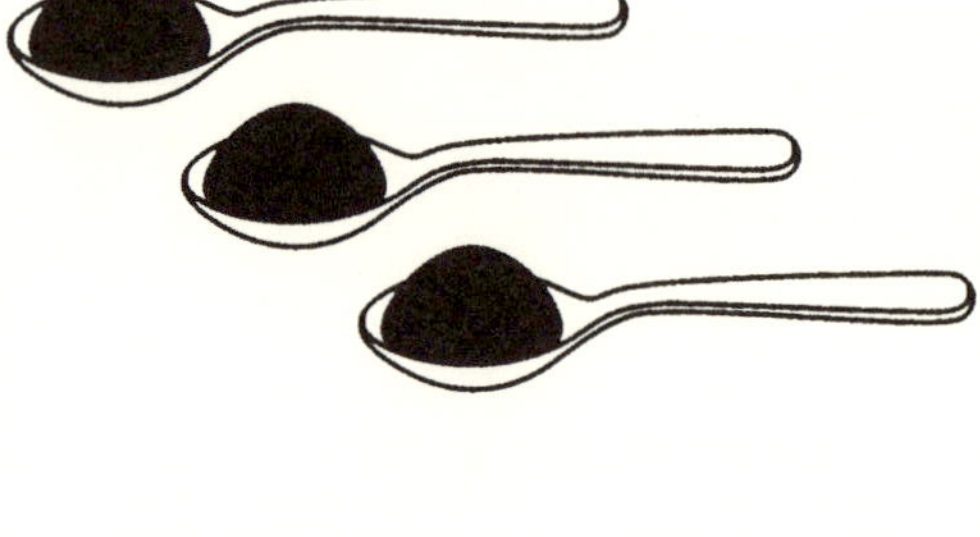

○カフェオレ、カフェラテのミルクの比率は？

○牛乳を温めても膜ができない温度は？

牛乳を温めても膜ができない温度

＝

40℃未満

◎電子レンジは温度が設定できるので便利。火にかけて温める場合は、よくかき混ぜながら加熱すると、膜ができにくい。

○おいしいビールの泡の比率は？

おいしいビール

＝

○ワインがおいしく飲める温度は？

	赤ワイン		
味わい	フルボディ（重口）	ミディアムボディ（中口）	ライトボディ（軽口）
おいしい温度	16〜18℃	13〜16℃	10〜12℃
冷蔵庫で冷やす目安 ※室温が22〜23℃の場合	30分〜1時間	1〜2時間	約3時間

◎「赤は常温で」とよくいわれるが、これは室温が18℃程度のフランスでフルボディを飲む場合。室温がもっと高いことが多い日本では、赤ワインも少し冷やして飲むほうがいい。

白ワイン	辛口	7〜14℃	3〜4時間
	甘口	5〜8℃	4〜5時間
その他のワイン	スパークリング	5〜8℃	4〜5時間
	ロゼ	7〜14℃	3〜4時間

○水割りのウイスキーの比率は？

おいしい
水割り

＝

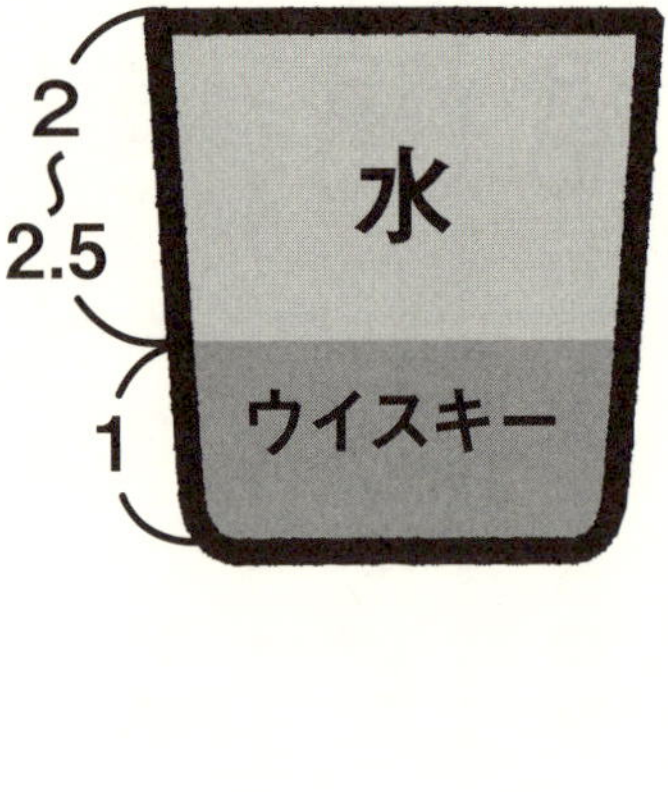

○ハイボールのウイスキーの比率は？

おいしい
ハイボール

＝

○冷酒の飲みごろは、冷蔵庫に入れてどのくらい？

きりっと冷たい

＝

約10℃

＝

冷蔵庫で1時間

ひんやり冷たい

＝

約15℃

＝

冷蔵庫で30分

●1合徳利、または300mℓビンの場合。

◯燗酒の飲みごろは、熱湯に浸けてどのくらい？

ひと肌燗	約35℃	1分
ぬる燗	約40℃	1分半
熱燗	約50℃	2〜3分

●1合徳利の場合。

◎鍋の湯が沸騰したら火を止めて、徳利を浸ける。ぬるい湯に浸けると時間がかかり過ぎて、アルコールが飛んでしまうので注意。

○ひと肌の燗酒は、レンジで何秒チンする？

ひと肌の燗酒

＝

電子レンジで約40秒

●500W の電子レンジで１合徳利を加熱した場合。

◎ぬる燗や熱燗で飲みたい場合は、ひと肌の燗酒の時間を基準に調整する。

○焼酎の水割り、お湯割りの比率は？

おいしい焼酎の水割り・お湯割り

＝

◎アルコール度数 25 度の焼酎を上記の比率で割ると、アルコール度数は 15 度と日本酒並みになる。

◯焼酎のお湯割りに注ぐ湯の温度は？

焼酎の
お湯割りの湯

＝

約80℃

◎常温の焼酎を 80℃の湯で割ると、40 ～ 45℃のお湯割りができる。

早引きインデックス

【米・ごはん】
洗うときの水を替える回数　68
吸水時間　69
米1合に対する水の量　70
土鍋で炊くときの火加減と時間　71
土鍋で炊くときの蒸らし時間　72
冷凍ごはんの保存期間　152
米の保存期間　153
新米と呼べる期間　176

【肉】
塩加減　16
焼くときに常温にもどす時間　17
ステーキの焼き時間　40
塩こしょうのタイミング　42
軟らかくなる漬け込み時間　52
スペアリブの漬け込み時間　53
筋切りの間隔　138
かたまり肉にタコ糸を巻く間隔　139
レバーを水にさらす時間　140
塩豚の塩の割合　141
すじ肉が軟らかくなる煮込み時間　142
冷凍保存できる日数　144
和牛の定義　174
国産牛の定義　175

【魚介類】
塩焼きの塩加減　18
塩焼きの塩をふるタイミング　43
煮魚の煮汁の割合　76
刺身の厚み　79

あさりの砂抜きの塩分濃度　128
あさりの砂抜きの時間　129
冷凍保存できる日数　145
あさり１００グラムの個数　179

【野菜・豆腐】
浅漬けの塩加減　20
葉物野菜をゆでるときの塩加減　21
両手にのる量　38
水にさらす時間　124
豆腐の水きり時間　126
豆腐のレンジでの水きり時間　127
たけのこのゆで時間　137
冷蔵庫での保存日数　146
冷凍庫での保存日数　149
涼しい場所での保存日数　150
１日に食べたい量　162

【卵・乳製品】
バター10グラムの大きさ　25
ゆで卵のゆで時間　45
温泉卵をレンジで作るときの時間　87
スライスチーズ１枚の重量　171
クリームシチューに適した生クリームの脂肪分　172
お菓子作りに適した生クリームの脂肪分　173
卵のサイズと重量　178

【だし汁】
水と昆布とかつお節の量　60
昆布の浸け時間　61
昆布を取り出すタイミング　62
かつお節を煮出す時間　63
水と煮干しの量　64
煮干しだしの火加減　65
煮干しを煮出す時間　66

煮干しだしを水出しで作る時間　67
八方だしの割合　73
【乾物】
もどす時間　130
どんこをもどしたときの増量具合　132
ひじきと切り干し大根をもどしたときの増量具合　133
大豆をもどす時間　134
大豆をもどしたときの増量具合　135
ドライトマトをもどす時間　136
【パスタ】
1人前の量　30
1人前を束ねた太さ　31
ゆでる湯の量　47
ゆでるときの塩加減　48
ゆでるときの火加減　49
ゆで時間　50
冷製パスタのゆで時間　51
【揚げ物】
鶏の唐揚げの漬け込み時間　54
揚げ油の量　55
鶏の唐揚げの揚げ温度　56
とんかつの揚げ温度　57
天ぷらの揚げ温度　58
天ぷらの衣の卵と水と粉の割合　78
【分量・大きさ】
ペットボトルのキャップに入る量　22
みそ汁1杯分のみその量　26
調味料の大さじ1の量　34
調味料の小さじ1の量　34
砂糖や小麦粉の1カップの量　36
落とし蓋の大きさ　92
大さじ1の量　97
小さじ1の量　97

大さじ1/2の量　98
大さじ1強の量　99
ハンバーグ1人前のひき肉の量　170
食パン1斤の量　177
ケーキの号数　180
日本茶2杯分の湯と茶葉の量　182
紅茶1杯分の湯と茶葉の量　183
コーヒー1杯分の湯と豆の量　184

【換算】
しょうが1かけをチューブで換算　24
米1キロの合数　27
米1キロの膳数　27
米1合で作れるおにぎりの数　28
米1合で作れる手巻き寿司の数　29
薄口しょうゆを濃口しょうゆと塩で代用する割合　32
砂糖の甘さをはちみつで換算　33
米1合で作れるいなり寿司の数　84
シーシーをミリリットルで換算　94
合をミリリットルで換算　95
カップをミリリットルで換算　96

【割合】
フレンチトーストの牛乳と卵と砂糖の割合　46
おひたしのひたし汁の割合　74
野菜の煮物の煮汁の割合　75
茶碗蒸しの卵とだし汁の割合　77
バッター液の卵と牛乳と薄力粉の分量　86
二杯酢の調味料の割合　88
三杯酢の調味料の割合　89
寿司酢の調味料の割合　90
ドレッシングの酢と油の割合　91
水溶き片栗粉の水と片栗粉の割合　122
カフェオレのミルクの比率　185
カフェラテのミルクの比率　185

おいしいビールの泡の比率　187
水割りのウイスキーの比率　190
ハイボールのウイスキーの比率　191
焼酎の水割り、お湯割りの比率　195

【時間】
ぬか漬けの漬け時間　80
しめさばのシメ時間　82
しめあじのシメ時間　83
だし汁やスープの保存日数　151
日本酒の保存期間　154

【温度】
Ｏ１５７を死滅させる加熱温度　168
牛乳を温めても膜ができない温度　186
ワインの飲みごろ温度　188
冷酒を冷蔵庫で冷やす時間　192
燗酒を熱湯に浸けておく時間　193
ひと肌燗の電子レンジでの加熱時間　194
焼酎のお湯割りに注ぐ湯の温度　196

【塩・塩分】
ひとにぎりの量　23
塩をふる高さ　44
１日の食塩摂取量の目標　156
しょうゆ大さじ１の塩分量　157
みそ大さじ１の塩分量　158
みそ汁１杯に含まれる塩分量　159
食品表示のナトリウム量を食塩に換算　160
減塩食品の塩分量　161

【エネルギー量】
ごはん１膳のエネルギー量　163
食パン１枚のエネルギー量　164
サラダ１人前のフレンチドレッシングのエネルギー量　165
サラダ油大さじ１のエネルギー量　166
サラダ油とオリーブ油のエネルギー量　167

【調理用語】

「ひとつまみ」の量　100
「少々」の量　101
「油少々」の量　102
「レモン汁少々」の量　103
「適量」の定義　104
「適宜」の定義　105
「1株」の量　106
「1把」の量　107
「1束」の量　107
「しょうが1かけ」の量　108
「たらこ1腹」の量　109
「豆腐1丁」の量　110
「ひたひた」の水加減　111
「かぶる」の水加減　111
「弱火」「中火」「強火」の火加減　112
「ことこと」の火加減　113
「ぐつぐつ」の火加減　113
「ひと煮立ち」の状態　114
「ひと煮」の状態　115
「みじん切り」「粗みじん切り」の大きさ　116
「せん切り」「細切り」の細さ　117
「ざく切り」の大きさ　118
「ひと口大」の大きさ　119
「粗熱をとる」の熱さ　120
「八分立て」の状態　121

●主な参考ホームページ

・厚生労働省　食中毒　日本人の食事摂取基準
・農林水産省　食パン一斤の定義
・東京都福祉保健局　食品衛生の窓
・熊本県　消毒液の作り方は？
・日本食肉消費総合センター
・農畜産業振興機構　和牛と国産牛ってちがうの？
・全日本あか毛和牛協会
・日本栄養士会　栄養相談Q&A
・全農　お米に関するお問い合わせ
・日本パスタ協会　パスタの基本
・日本昆布協会　こんぶネット
・日本缶詰びん詰レトルト食品協会
・日卵協　タマゴQ&A
・全日本コーヒー協会
・日本紅茶協会
・日本乳業協会
・米穀機構　米ネット　お米Q&A
・鳥取牛肉手帖　牛肉目利きガイド
・MISO ONLINE
・みんなのきょうの料理
・肉焼き総研
・東京ガス　直火ごはん
・タニタのダイエット
・健康コラム
・ダイエー　料理の基本辞典
・味の素　レシピ大百科
・ハウス食品　基本のキ
・キッコーマン　ホームクッキング　料理の基本
・キッコーマン　しょうゆのすべて
・ヤマサ　調理器具の使い方
・ミツカン　合わせ酢の作り方
・第一三共　ヘルシーレシピ
・サクラ印ハチミツ　はちみつCAFÉ
・スジャータ　かんたんレシピ
・日本製粉　パスタの基礎知識
・日清製粉　我が家のパスタ名人
・はごろもフーズ　おいしいだし汁の取り方
・UCC　おいしいコーヒーの入れ方
・サッポロビール　おいしいビールができるまで
・サントリー　ウイスキーのおいしい飲み方
・キリン　ワインの美味しい温度
・菊正宗　お燗の豆知識
・菊水　おいしいお燗の作り方

・北関東酒造　冷酒と燗酒の温度
・日本酒サービス研究会・酒匠研究会連合会
・薩摩酒造　お湯割り研究所
・HONDA　Hello！野菜
・理研農産化工株式会社　おすすめレシピ　豚カツ
・ネスレ　バランスレシピ
・辻調グループ　日本料理一年生
・ステーキワンむつ
・焼肉大好き．コム
・産地直送ネット　お米のおいしい炊き方
・中沢オンラインショップ　指籏　誠のクリーム知恵袋
・伊藤園　お茶のおいしい入れ方
・PRESIDENT Online 食の研究所
・白ごはん．com
・浸けるドットコム
・KATSUYOレシピ　基本の味つけ
・イタリア食材厳選のお店PIATTI
・宮本酒造店　おいしいお酒の飲み方
・美肌レシピ
・Happy Birthday PROJECT　ケーキサイズ早見表
・オールアバウト　家事関連情報
・クックパッド
・楽天レシピ
・日本の野菜ソムリエお姉さん　業務日誌　お米1升をおにぎりにして何個できるか

●主な参考文献

『ビジュアル食品成分表』（編・科学技術庁資源調査会／大修館書店）

『女子栄養大学のお料理入門』（小川久恵／女子栄養大学出版部）

『決定版　みんなが使える食品成分表』（編・主婦の友社／主婦の友社）

『今日からお料理1年生』（主婦の友社）

『ＮＨＫきょうの料理　料理のことばがわかる本』（監修・久保香菜子／ＮＨＫ出版）

『ギモン以前の料理のキホン』（監修・浜内千波／日本文芸社）

『基本のお菓子』（小菅陽子／ナツメ社）

青春新書
PLAYBOOKS

人生を自由自在に活動《プレイ》する

人生の活動源として

いま要求される新しい気運は、最も現実的な生々しい時代に吐息する大衆の活力と活動源である。

文明はすべてを合理化し、自主的精神はますます衰退に瀕し、自由は奪われようとしている今日、プレイブックスに課せられた役割と必要は広く新鮮な願いとなろう。

いわゆる知識人にもとめる書物は数多く窺うまでもない。

本刊行は、在来の観念類型を打破し、謂わば現代生活の機能に即する潤滑油として、逞しい生命を吹込もうとするものである。

われわれの現状は、埃りと騒音に紛れ、雑踏に苛まれ、あくせく追われる仕事に、日々の不安は健全な精神生活を妨げる圧迫感となり、まさに現実はストレス症状を呈している。

プレイブックスは、それらすべてのうっ積を吹きとばし、自由闊達な活動力を培養し、勇気と自信を生みだす最も楽しいシリーズたらんことを、われわれは鋭意貫かんとするものである。

—創始者のことば—　小澤和一

編者紹介

ホームライフ取材班

「暮らしをもっと楽しく！ もっと便利に！」をモットーに、日々取材を重ねているエキスパート集団。取材の対象は、料理、そうじ、片づけ、防犯など多岐にわたる。その取材力、情報網の広さには定評があり、インターネットではわからない、独自に集めたテクニックや話題を発信し続けている。

キッチンですぐに役《やく》に立《た》つ！
「料理《りょうり》の単位《たんい》」早《はや》わかり便利帳《べんりちょう》
青春新書 PLAYBOOKS

2015年２月10日　第１刷

編　者　ホームライフ取材班《しゅざいはん》

発行者　小澤源太郎

責任編集　株式会社プライム涌光
電話　編集部　03(3203)2850

発行所　東京都新宿区若松町12番1号　〒162-0056　株式会社青春出版社
電話　営業部　03(3207)1916　振替番号　00190-7-98602

印刷・図書印刷　製本・フォーネット社

ISBN978-4-413-21032-4

Home Life Shuzaihan 2015 Printed in Japan

お願い
ページわりの関係からここでは一部の既刊本しか掲載してありません。
折り込みの出版案内もご参考にご覧ください。

大好評!
「早わかり便利帳」シリーズ

青春新書 PLAYBOOKS

世界で一番おもしろい!

「単位」の早わかり便利帳

ホームライフ取材班[編]

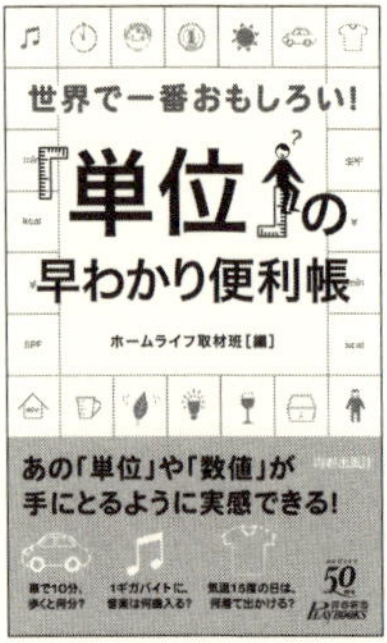

あの「単位」や「数値」が
手にとるように実感できる!

* 車で10分、歩くと何分?
* 1ギガバイトに、音楽は何曲入る?
* 気温15度の日は、何着て出かける?

本体952円
ISBN978-4-413-01986-6

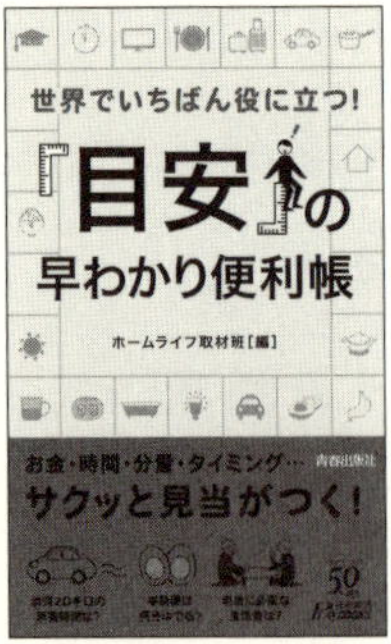

世界でいちばん役に立つ!

「目安」の早わかり便利帳

ホームライフ取材班[編]

お金・時間・分量・タイミング…
サクッと見当がつく!

* 渋滞20キロの所要時間は?
* 半熟卵は何分ゆでる?
* 老後に必要な生活費は?

本体952円
ISBN978-4-413-21009-6

※上記は本体価格です。(消費税が別途加算されます)
※書名コード(ISBN)は、書店へのご注文にご利用ください。書店にない場合、電話または Fax(書名・冊数・氏名・住所・電話番号を明記)でもご注文いただけます(代金引替宅急便)。商品到着時に定価+手数料をお支払いください。
〔直販係　電話03-3203-5121　Fax03-3207-0982〕
※青春出版社のホームページでも、オンラインで書籍をお買い求めいただけます。ぜひご利用ください。〔http://www.seishun.co.jp/〕